„Erinnert ihr euch daran, wie ihr euch auf der langen Fahrt in den Sommerurlaub Spiele ausgedacht habt? Ivan Brett hat die besten in ein Buch gepackt."

S Magazine, Sunday Express

„Ein Riesenspaß und voller ungewöhnlicher und interessanter Ideen."

Parentsintouch.co.uk

„Keine Smartphones, keine Kopfhörer ... diese unterhaltsamen Spiele machen Reisen um ein Vielfaches angenehmer."

Simple Things

„Ein Buch, das an Weihnachten in keinem Haushalt fehlen darf!"

Lancashire Post

IVAN BRETT

DER BODEN IST LAVA

... UND 99 WEITERE SPIELE FÜR JEDEN & ÜBERALL

HEEL

Ivan wurde in einem Fahrradgeschäft geboren. Zumindest glaubte er das den Großteil seiner Kindheit über. Es waren Fehler und Missverständnisse wie diese, die ihn zu dem Schriftsteller machten, der er heute ist. Ivans erstes Buch, das an seinem 21. Geburtstag erschien, war das für zahlreiche Preise nominierte Casper *Candlewacks in Death by Pidgeons*.

Dieser albernen und anarchischen Liebeserklärung an die englische Provinz und die schrulligen Charaktere, die ihre Dörfer bevölkern, folgten drei weitere Bücher: *Casper Candlewacks in The Claws of Crime, Casper Candlewacks in Attack of the Brainiacs* und *Casper Candlewachs in The Time Travelling Toaster*, die allesamt begeisterte Kritiken erhielten.

Als Grundschullehrer in einem Stadtteil im Norden Londons verbringt er seine Zeit mit Unterrichten, Schriftstellerei und seiner Katze. Schon immer galt seine Leidenschaft dem Radfahren, Comics, und ganz besonders dem Spielen. Er spielte hunderte Spiele, um sich die Zeit zu vertreiben, Freundschaften zu festigen und seinen Unterricht zu gestalten. Ein ganzes Jahr lang sammelte er seine Lieblingsspiele, schrieb sie auf und teilt sie nun in seinem Buch Der Boden ist Lava mit der ganzen Welt.

Twitter: @IvanBrett

Meiner Mutter,
für alles.

INHALT

1. IM STAU

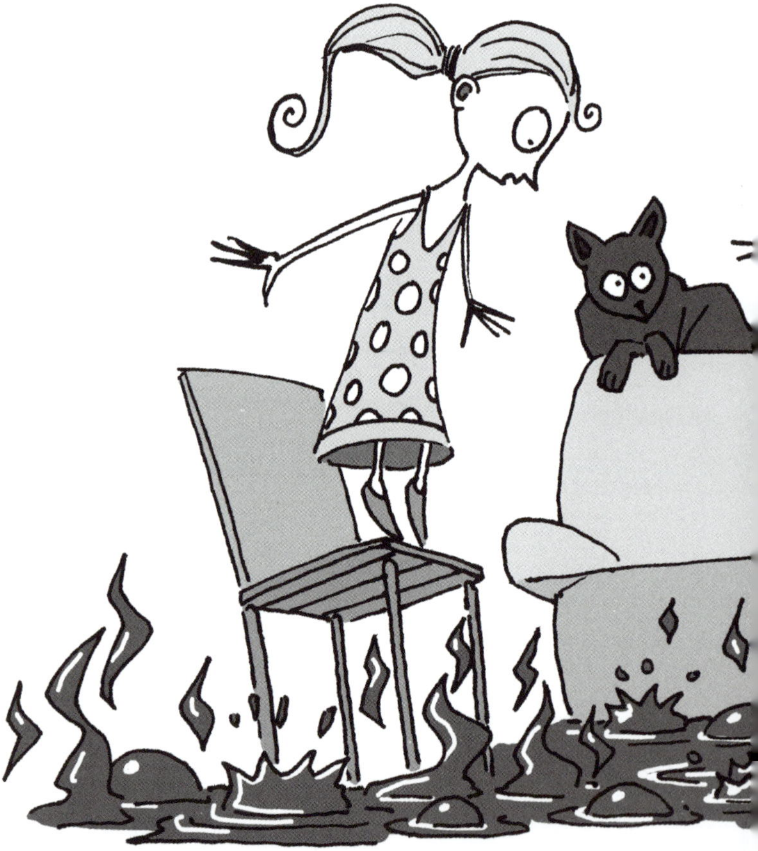

2. AM KÜCHENTISCH

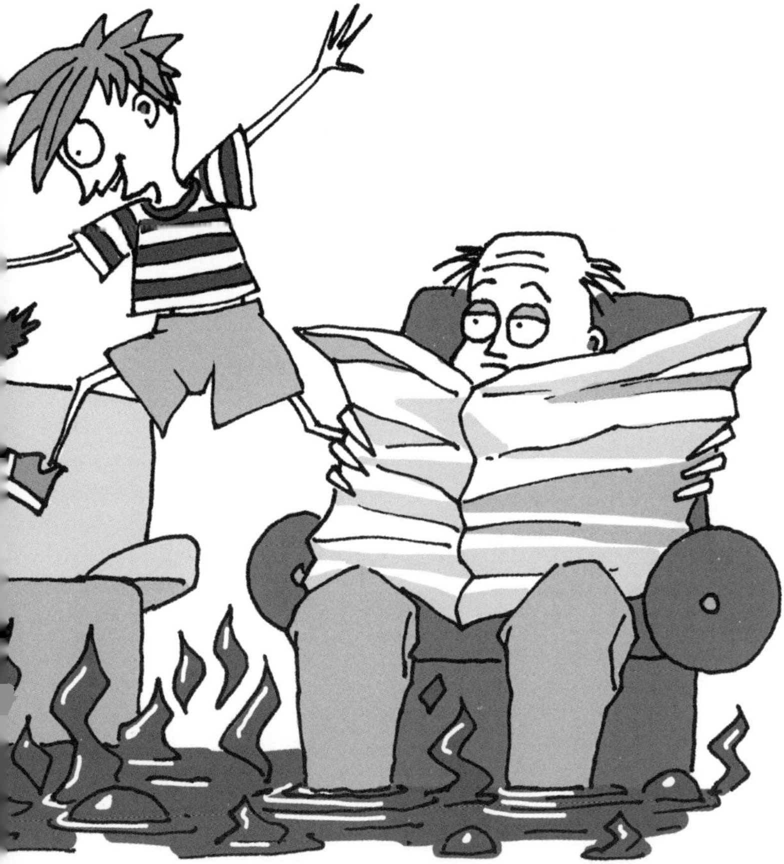

3. EIN LANGER, HEISSER SOMMER

4. EINER GEGEN EINEN

5. PARTY!

6. LAGERKOLLER

7. LANGE SPIELE FÜR LANGE REISEN

8. GESELLIGER ABEND

9. FRÖHLICHE WEIHNACHTEN

10. ENTSPANNT EUCH!

ANHANG

EINFÜHRUNG

ALLES NUR EIN SPIEL?

Was ist das Besondere am Spielen? Als Kinder lernen wir durch Spiele, als Teenager finden wir es peinlich zu spielen peinlich und als Erwachsene tun wir so, als würden Spiele nicht existieren. Jemanden als Spieler zu bezeichnen – das kann eine Beleidigung oder eine Auszeichnung sein. Eines ist es jedoch ganz gewiss nicht: normal.

Ich muss zugeben, ich habe mein ganzes Leben damit verbracht, zu spielen. Auf dem Fahrrad versuche ich möglichst viele grüne Ampeln zu erwischen, ohne anhalten zu müssen, und fahre extra langsam, wenn ich eine rote Ampel sehe. Ich zähle die Wörter, die ich jeden Tag schreibe und halte sie in Tabellen fest, um die Zahl mit vorherigen Tagen zu vergleichen. Einfach, weil ich den Wettkampf mag. Wenn ich einschlafen möchte, komme ich mit einer Runde ***A bis Z von …*** (siehe Seite 226) runter. Mit meiner Katze liefere ich mir Scheingefechte durch den offenen Spalt der Badezimmertür.

Meine Spiele lassen sich in zwei Kategorien unterteilen: Spiele, die den Alltag aufpeppen und Spiele, die Menschen zusammenbringen. Mein Leben auf spielerische Weise zu verbringen, statt es einfach nur zu leben, schafft Struktur. Spiele geben mir jeden Tag viele kleine, erreichbare Etappenziele. Sie machen meine Erfolge messbar und ich feiere jede neue Herausforderung. Außerdem macht das Leben viel mehr Spaß, wenn man es spielt, als wenn man es einfach nur lebt. Das möchte ich euch zeigen.

Warum ist das wichtig?

Dieses Buch eigentlich ein Handbuch für kreatives Schreiben werden (keine Sorge, das ist es nicht!). Aber ganz ohne mein Zutun begann es sich zu verwandeln und die Spiele übernahmen die Regie. Sie strichen die Wände neu, schmissen all die Seiten mit Grammatik raus und luden ihre ungezogenen Freunde ein. Jetzt quillt das Buch über mit Spielen, die Menschen zusammenbringen, die Kommunikation fördern, das Eis brechen, beruhigen, peinliches Schweigen überwinden, die Party in Schwung bringen und, und, und.

Dieses Buch hat keine geheime Botschaft. Ich stelle mich nicht hin und predige, dass Spiele dies oder jenes bewirken, heilen oder weniger schlimm machen können. Was ich sage ist, dass Spiele die Möglichkeit bieten, miteinander in Kontakt zu kommen. In Zeiten, in denen es so viel digitale Ablenkung und Information gibt, kapselt man sich nur allzu leicht von den Menschen um sich herum ab.

Ich sage nicht, dass ihr eure Smartphones zur Seite legen sollt oder dass Tablet und PC böse sind. Ich sage nur, dass es auch anders geht. Es gibt nichts Schöneres auf der Welt als das richtige Spiel im richtigen Moment. Ich verspreche euch: Das macht mehr Spaß als Scrollen, und ist viel weniger Aufwand, als ihr vielleicht zunächst einmal denkt. Aus diesem Grund habe ich dieses Buch geschrieben.

Wen kümmert's?

Während ich an dem Buch arbeitete, war ich immer wieder fasziniert von den Reaktionen der Menschen, denen ich davon erzählte. Manche fragten irritiert: „Wie jetzt? Nur Spiele?" Sie fragten sich, wofür das gut sein sollte und was man damit erreichen könnte. Dabei ist es doch schon eine tolle Sache, einfach mal ein Spiel zu spielen!

Andere waren sofort Feuer und Flamme und erzählten begeistert: „Ich kenne da ein super Spiel, das haben wir früher immer gespielt!" oder „Das hat einen Riesenspaß gemacht!" Ich freute mich über ihren Enthusiasmus und schrieb mir die Regeln auf, um auch ja nichts zu vergessen. Und ich fragte mich, warum die Menschen dabei so wehmütig klangen - man könnte fast meinen, diese Spiele seien heute tabu.

Wenn ich Menschen nach ihren Lieblingsspielen frage, dauert es meist nicht lange, bis sie wissen wollen, welches denn meine sind. Meine Antworten fallen immer unterschiedlich aus und hängen von vielen Faktoren ab wie dem Wetter oder der Farbe meiner Socken. Aber im Grunde müsste ich mich wohl zwischen dem einfachen, aber taktischen ***Galgenmännchen Mastermind*** (siehe Seite 98), den Bluffs und der Spannung von ***Mafia*** (Seite 119) und dem total verrückten Spiel ***1000 leere Karten*** (Seite 166) entscheiden. Eigentlich habe ich immer wieder andere Favoriten. Vermutlich ändert sich das schon wieder, bevor auch nur dieses Vorwort fertig ist.

Ich liebe es, Spiele an andere weiterzugeben. Allein schon die Vorstellung, wie viel Spaß sie damit haben werden, macht mir Freude. Also, bitteschön: Hier sind 100 Spiele für euch!

Was ist der Sinn dieses Buchs?

Dieses Buch ist wie ein großer, grüner Startknopf. Es ist eine Sammlung von 100 kreativen, komischen, kooperativen Spielen, zusammengestellt, damit ihr immer das richtige Spiel für die richtige Situation zur Hand habt. Ihr fahrt in den Urlaub? Dafür gibt es ein ganzes Kapitel. Ihr möchtet mehr Zeit mit der Familie verbringen? Dafür findet ihr zehn perfekte Spiele, um sie gemeinsam am Esstisch zu spielen. Ein verregneter Sonntag? Kein Problem. Ihr steht im Stau? Keine Panik, ihr findet das Passende.

Die Spiele in diesem Buch reichen von inspirierend über herausfordernd zu einfach nur albern. Sie werden euch zusammenbringen, erheitern und sogar eure kleinen grauen Zellen fordern. Ich möchte euer Leben in ein Spiel verwandeln, denn wir Menschen lernen, verknüpfen und entdecken am einfachsten, meisten und besten, wenn wir spielen.

Alles klar, super. Wo geht's los?

Egal wo. In jedem Kapitel gibt es zehn Spiele für jede Situation. Natürlich gibt es auch viele Querverbindungen, also legt einfach los und habt Spaß. Und lasst mich wissen, wie es läuft! Am besten auf Twitter, @IvanBrett.

KAPITEL 1

IM STAU

Ihr steht im Stau, irgendwo vor euch gab es einen Unfall, der Verkehr steht. Die Straße ist seit einer Ewigkeit gesperrt und nichts geht mehr. Der Hund im Auto vor euch dreht verzweifelt rastlose Runden im Kofferraum und bellt unhörbar hinter der Heckscheibe. Die Kinder müssten längst beim Schwimmkurs sein und ihr steckt noch mitten im Innenstadtverkehr. Du verfluchst dich für deine Entscheidung, nicht den Umweg durch das Industriegebiet genommen zu haben. Dazu dudeln aus dem Radio die immer gleichen, langweiligen Lieder. Was ihr jetzt braucht, ist etwas, das euch auf andere Gedanken bringt.

Und genau das findet ihr in diesem Kapitel: die zehn besten Spiele, um die Zeit totzuschlagen, wenn ihr außer verschmierte Autofenster nur einander habt. Denn für diese Spiele braucht ihr nichts weiter. Sie machen Spaß und verkürzen jede noch so dröge Fahrt. Ihr nutzt einfach die Welt da draußen für euer Spiel! Wenn ihr es dann doch endlich zum Schwimmbad geschafft habt, gerade noch rechtzeitig fünf Minuten vor Schluss, werdet ihr sogar ein wenig traurig sein. Denn nichts macht mehr Spaß, als Passanten mit Piratensprüchen anzubrüllen oder euch gegenseitig beim ***Auto-Cricket*** zu schlagen.

1. Auto-Cricket

SPIELER	SCHWIERIGKEIT	SPIELDAUER
2+	**leicht**	**1 std (mindestens!)**

MATHE, WETTKAMPF, ZEITVERTREIB

DARUM GEHT'S: Macht aus dem Verkehr ein Spiel – mit einer Partie *Auto-Cricket*.

WAS IHR BRAUCHT:

- Eine Straße voller Autos
- Absolut keine Ahnung davon, was Cricket ist

UND SO GEHT'S:

Als erstes braucht ihr ausreichend Verkehr um euch herum. Aber Vorsicht: zu viele Autos und ihr verliert den Überblick, zu wenige und es wird langweilig. Fahrt ihr auf der Autobahn, nutzt die Autos, die euch überholen oder die, die ihr überholt. Seid ihr auf einer wenig befahrenen Straße unterwegs, könnt ihr auch die Autos mitzählen, die euch entgegenkommen.

Beim Auto-Cricket gibt es zwar weder Bälle noch Schlaghölzer, aber genau wie beim Cricket wechseln sich die Spieler ab und versuchen, in einer Spielrunde möglichst viele Punkte zu erzielen.

Jedes Mal, wenn ihr ein anderes Fahrzeug überholt, bekommt ihr eine bestimmte Anzahl Punkte:

- Für einen PKW (aber **keinen weißen!**), bekommt ihr 1 Punkt.
- Für einen Bus, Wohnwagen oder LKW gibt es (vorausgesetzt, er ist **nicht weiß**) 2 Punkte.
- Ein Motorrad oder ein Fahrrad bringt 4 Punkte.

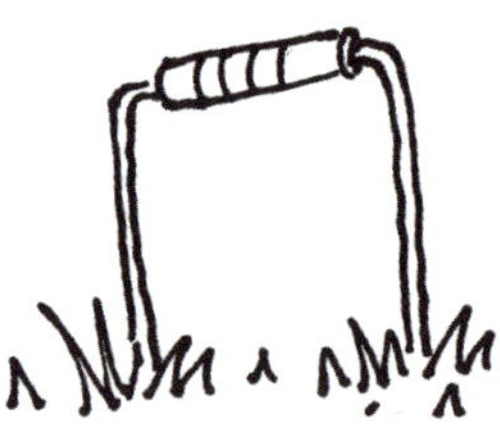

- Seltene Fahrzeuge (Pferdetransporter, Kutsche, Boot oder eine Hexe auf einem Besen) machen 6 Punkte.
- Bei einem Autotransporter bekommt ihr 1 Punkt für jedes geladene Auto und 2 Punkte für den LKW.
- **Achtung: Überholt ihr einen weißen PKW, seid ihr raus! Der nächste Spieler ist an der Reihe.**
- Überholt ihr ein weißes Fahrzeug, das kein PKW ist, schreibt ihr zwar keine Punkte auf, dürft aber weiterspielen. Glück gehabt!

Wenn die Runde eines Spielers vorbei ist, merkt euch den Punktestand oder schreibt ihn auf. Dann ist der nächste Spieler an der Reihe. Das Spiel macht am meisten Spaß, wenn jeder mindestens zwei Runden spielt. Zählt die Punkte eurer jeweiligen Spielrunden zusammen. Derjenige, der die meisten Punkte hat, gewinnt.

LEVEL UP:

- Seid ihr Statistik-Nerds wie ich, dann solltet ihr eure Spielstände in einer ‚ewigen Tabelle' festhalten. Dann könnt ihr über einen längeren Zeitraum hinweg den besten Punkteschnitt ermitteln, das längste Spiel, die am schnellsten erzielten Punkte und alles, was euch sonst noch in den Sinn kommt. Das ist zwar ziemlich überflüssig, aber bekanntlich ist ja genau das der beste Grund, etwas zu tun.

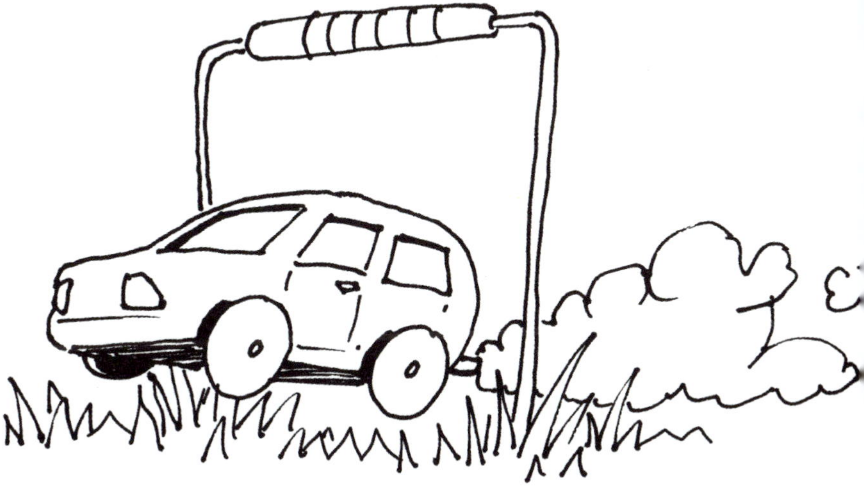

2. Die Freibeuter der sieben Meere

SPIELER	SCHWIERIGKEIT	SPIELDAUER
2+	**leicht**	**die gesamte Fahrt**

DARUM GEHT'S: Verwandelt eure Reise in ein Piratenabenteuer.

ZEITVERTREIB, GEDÄCHTNIS, LACHEN

WAS IHR BRAUCHT:

- keine Hilfsmittel erforderlich

UND SO GEHT'S:

Stellt euch vor, ihr seid eine Horde blutrünstiger Piraten auf großer Fahrt. Euren wachsamen Piratenaugen darf nichts entgehen:

- Haltet ihr neben einem anderen Auto, brüllt ihr: ‚Klar zum Entern!'
- Seht ihr einen Teich, See, Ozean oder Fluss, ruft: ‚Hinaus aufs offene Meer!'
- Kommt ihr an einer Gaststätte vorbei, singt laut: ‚Ho, Ho, Ho und 'ne Buddel voll Rum!'
- Seht ihr ein Schild, auf dem euer Zielort steht, ruft: ‚Land in Sicht!'
- Seht ihr ein Auto mit kaputtem Licht, haltet euch ein Auge zu und schnarrt wie ein Papagei: ‚Arrrr! Verfluchte Augenklappe!'
- Seht ihr ein Flugzeug, ruft: ‚Fliegender Holländer!'
- Seht ihr jemanden die Straße überqueren, brüllt ‚Landratte!'

Bei jeder Sichtung geht es darum, wer zuerst den richtigen Spruch ruft. Aber Achtung: Es zählt nur, wenn ihr das in eurer schaurigsten Piratenstimme tut!

LEVEL UP:

- Werdet kreativ! Wann würdet ihr ‚Über die Planke!' oder ‚Arrrr! Der Schatz!' rufen? Denkt euch eigene Piratensprüche aus.

3. Wo ist Voldemort?

SPIELER	SCHWIERIGKEIT	SPIELDAUER
2+	**leicht**	**Bis an euer Lebensende**

DARUM GEHT'S: Ein Spiel, das nie mehr aufhört und niemals langweilig wird. Schaut nicht hin, oder ihr werdet verflucht.

LANGZEITSPIEL, WETTKAMPF, LACHEN, STRATEGIE

WAS IHR BRAUCHT:

- keine Hilfsmittel erforderlich

UND SO GEHT'S:

Ein Dank geht an meinen Freund Charlie für die Anregung zu diesem Spiel. Es handelt sich um ein Hintergrundspiel. Das heißt: Es dauert die gesamte Reise und noch viel länger, auch wenn ihr schon längst wieder vergessen habt, dass ihr spielt.

Erklärt die Regeln, sobald ihr im Auto sitzt. Außer es kommt später noch ein Mitspieler hinzu, brauchen weder die Regeln jemals mehr erwähnt werden noch die Tatsache, dass das Spiel läuft.

Die Regeln sind einfach: Wer das Spiel beginnt, ist der ‚Verfluchte'. Um den Fluch loszuwerden, müsst ihr auf etwas außerhalb des Autos zeigen und ‚Da ist Voldemort!' rufen. Wenn jemand darauf hineinfällt und hinsieht, überträgt sich der Fluch auf diese Person. Falls mehrere Spieler hinsehen, ist die Person verflucht, die als erstes geguckt hat.

Jetzt ist der neue Verfluchte an der Reihe, die anderen dazu zu bringen, in eine Richtung zu schauen. Nur so wird man den Fluch wieder los.

Also geht es darum, nicht in die angezeigte Richtung zu sehen, sobald der Ruf erklingt. Solltet ihr dennoch hingeschaut haben, muss euer Ziel sein, die Mitspieler dazu zu bringen, in die von euch angezeigte Richtung zu schauen, sobald ihr ruft. Doch je öfter ihr versucht, den Fluch loszuwerden, desto weniger wahrscheinlich ist es, dass die Mitspieler reagieren. Sollte es euch erwischt haben, wartet am besten, bis niemand mehr an das Spiel denkt.

Wer gewinnen will, dessen Gesichtsausdruck und Stimme müssen so überzeugend wirken, dass die Mitspieler erst merken, dass sie verlieren, wenn sie schon verloren haben. Eine gute Taktik ist es zum Beispiel, die gefürchteten Worte in einem Satz zu verstecken, oder ganz glaubhaft erschrocken nach Luft zu schnappen und dann in eine Richtung zu zeigen.

TIPPS:

- Wenn ihr jedes Mal denselben Satz benutzt (‚Guckt mal! Da ist Voldemort!'), fällt bald keiner mehr darauf herein. Stattdessen könntet ihr so tun, als hättet ihr eine Frage zu etwas, das ihr in der Ferne seht, und dann schnell die V-Frage stellen. Oder tut so, als gäbe es etwas ganz Erstaunliches oder etwas, das euch wütend oder traurig macht. Da werden die Mitspieler neugierig und sie können gar nicht anders als hinzugucken.
- Solltet ihr Voldemort tatsächlich einmal sehen, zeigt besser nicht auf ihn. Lauft weg und verkriecht euch.

4. Nummernschild-Sätze

SPIELER	SCHWIERIGKEIT	SPIELDAUER
2+	**leicht**	**so lange ihr wollt**

DARUM GEHT'S: Ein einfaches und albernes Spiel, bei dem ihr aus den Buchstaben von Nummernschildern Sätze bildet

BUCHSTABIEREN, GRAMMATIK, KREATIVITÄT

WAS IHR BRAUCHT:

- Eine Straße voller Autos.

UND SO GEHT'S:

(Hinweis: Das Spiel funktioniert mit allen Nummernschildern, die Buchstaben haben. Ihr könnt das Spiel also in fast allen Ländern spielen.)

Ein Mitspieler sieht aus dem Fenster und liest ein Nummernschild seiner Wahl vor. Alles was ihr braucht sind die Buchstaben. Nehmen wir an, das Nummernschild lautet **TE-ST 123**.

Jeder Mitspieler lässt sich jetzt einen Satz einfallen, dessen erstes Wort mit **T**, zweites Wort mit **E**, drittes Wort mit **S** und viertes Wort mit **T** beginnt.

Das ist das ganze Spiel! Wenn ihr es als Wettkampf aufziehen wollt, kann der Spieler, der vorgelesen hat, bestimmen, welcher Satz der beste war, und ihr könnt Punkte dafür vergeben. Aber das eigentliche Ziel ist es, möglichst lustige oder raffinierte Sätze zu bilden.

BEISPIEL:

Spielleiter: „Das Nummernschild lautet TE-ST 123."

Spieler 1: „Tolle Enten suchen Telefone."

Spieler 2: „Trötet Emil seine Trompete?"

Spieler 3: „Tollwütige Eidechsen spielen Tennis."

Spieler 4: „Tausend Eisverkäufer stampfen Trauben."

Und so weiter.

LEVEL UP:

- Wenn ihr lieber längere Sätze bildet, kombiniert zwei Nummernschilder.
- Immer noch zu langweilig? Versucht die Zahlen in eure Sätze einzubauen.

TIPP:

- Versucht, den Satzbau zu variieren. Ihr könntet versuchen, das Verb an unterschiedlichen Stellen im Satz unterzubringen (‚Tobend erklärt Susi Tanz.' oder „‚Trollt euch!", schreit Theodor.').

5. Ich sehe eine Zahl, die du nicht siehst

SPIELER	SCHWIERIGKEIT	SPIELDAUER
1+	**leicht**	**fortwährend**

DARUM GEHT'S: Seht aus dem Fenster und sucht die Zahlen 1 bis 999. Um zu gewinnen, müsst ihr sie in der richtigen Reihenfolge finden.

TEAMWORK, WETTKAMPF, MATHE

WAS IHR BRAUCHT:

- keine Hilfsmittel erforderlich

UND SO GEHT'S:

Das Spiel ist eine Art Schnitzeljagd, bei der ihr die Zahlen von **1 bis 999** finden müsst. Das Spiel befindet sich in diesem Kapitel, weil es der perfekte Zeitvertreib ist, wenn ihr im Auto festsitzt und euch nichts übrigbleibt, als aus dem Fenster gucken. Seid ihr mit dem Auto unterwegs, gibt es jedoch einen Haken: Es ist leicht, zu schummeln und nur so zu tun, als hättet ihr die gesuchte Zahl gesehen, weil die anderen in der Regel nicht zurückfahren können, um nachzusehen. Wenn ihr am Ende einen Gewinner küren wollt, ist es daher besser, nur zu spielen, wenn das Auto steht oder ihr zu Fuß unterwegs seid.

Das Spiel ist einfach: Alle Spieler suchen *außerhalb des Autos* nach in Ziffern geschriebenen Zahlen (also ‚1', nicht ‚Eins'). Alle Zahlen innerhalb des Autos gelten nicht, denn ihr könntet die benötigten Zahlen sonst einfach auf ein Blatt schreiben oder die Seitenzahlen dieses Buches nehmen. Sollte jemand unter euch jetzt auf die besonders schlaue Idee kommen, das Buch einfach aus dem Fenster zu halten und durchzublättern: Das gilt ebenfalls nicht. Dieses Spiel muss man richtig spielen, sonst kann man es auch bleiben lassen.

Das Spiel beginnt mit der Suche nach der 1. Ich empfehle, als Team auf Zahlensuche zu gehen. Wenn einer die gesuchte Zahl sieht, sagt er den anderen Bescheid und zeigt, wo er sie gefunden hat. Sucht jetzt gemeinsam nach der nächsten Zahl. Spielt ihr aber gegeneinander, bekommt derjenige die Zahl, der sie als Erster gesehen hat. Die anderen müssen dann weitersuchen. Wenn zwei Spieler eine Zahl gleichzeitig sehen, dürfen beide sie behalten. Die Zahlen dürfen auch inmitten anderer Zahlen stehen. Wenn ihr zum Beispiel irgendwo eine **1381** seht, könnt ihr daraus eine **1** oder **38** machen, auf keinen Fall aber eine **31** oder **11**. Rosinenpickerei ist verboten, die Zahlen müssen unmittelbar nebeneinander stehen.

TIPPS:

- Hausnummern, Nummernschilder und Plakate eignen sich sehr gut dazu, Zahlen zu finden.
- Wenn euch der Verdacht beschleicht, dass ein Mitspieler schummelt und nur vorgibt, Zahlen gesehen zu haben, macht das Spiel keinen Spaß mehr. Um das zu vermeiden, könntet ihr festlegen, dass mindestens zwei Spieler die Zahl gesehen haben müssen. Oder ihr spielt nur mit Menschen, denen ihr vertraut.

LEVEL UP:

- Einmal habe ich das Spiel gemeinsam mit meiner besseren Hälfte Amy als Zahlen-Suchteam während einer Fahrt im Nachtbus gespielt. Die Fahrt verging wie im Fluge und die Partie läuft bis heute: Wir schicken einander Bilder von der nächsten Zahl und wir hören erst auf, wenn wir bei unendlich angekommen sind. Dieses Spiel kann man wirklich immer weiterspielen. Natürlich gelten trotzdem die gleichen Regeln: selbst schreiben oder tippen gilt nicht. Man muss die Zahlen in freier Wildbahn erwischen.

6. Kneipen-Cricket

SPIELER	SCHWIERIGKEIT	SPIELDAUER
2+	**leicht**	**die gesamte Fahrt**

MATHE, WETTKAMPF, ZEITVERTREIB

DARUM GEHT'S: Ein Klassiker unter den Fahrspielen. Um Punkte zu sammeln, zählt die Beine der Figuren, die in den Namen von Gaststätten vorkommen.

WAS IHR BRAUCHT:

- Eine Straße (keine Autobahn), an der viele Gaststätten, Restaurants und Kneipen liegen. Leider gibt es davon immer weniger, sodass es sich um ein relativ langsames Spiel handelt, wenn man sich nicht gerade in der Stadt befindet.

UND SO GEHT'S:

Ob *Zum weißen Rössl* oder *Goldener Hirsch*, Wirtshäuser sind oftmals eine Institution und für dieses Spiel braucht ihr sie. Es macht viel Spaß und ähnelt dem etwas temporeicheren ***Auto-Cricket*** (siehe Seite 18).

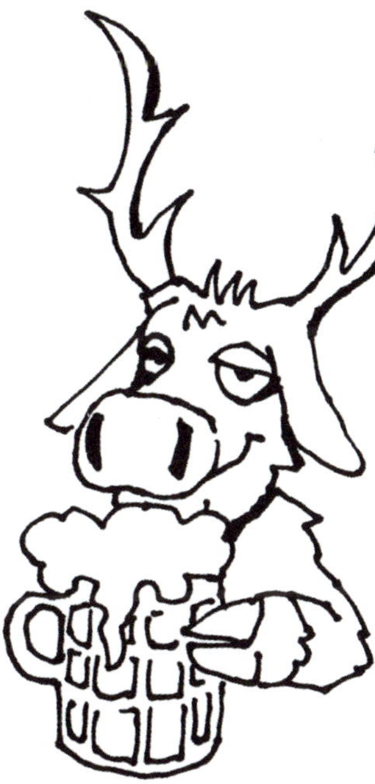

Diesmal geht es darum, Gaststätten, Restaurants oder Kneipen am Wegesrand zu entdecken. Die Anzahl der Beine der Lebewesen, die im Namen des Gasthauses genannt sind, ergeben dabei eure Punkte. Ein *Schwarzer Eber* würde euch beispielsweise vier Punkte bescheren, denn ein Eber hat vier Beine. *Susis Bierquelle* ergibt zwei Punkte: einen Punkt für jedes von Susis Beinen. Das *Gasthaus zu den drei Schwänen* gibt sechs Punkte, zwei für jeden Schwan. Sollte euch ein nicht näher definierter Plural begegnen, beispielsweise *Die fidelen Wandersleut'*, geht immer davon aus, dass es zwei sind. Für dieses Gasthaus gäbe es also vier Punkte.

Ein Spieler ist solange an der Reihe, bis ihr an einem Gasthaus ganz ohne Beine im Namen vorbeikommt, an einem *Ratskeller* zum Beispiel oder einem *Gasthaus zur Sonne*. Dann ist der nächste Spieler dran.

BEISPIEL:

Spieler 1 beginnt und sieht folgende Gaststätten:

- *Zum goldenen Hirsch* (4 Punkte)
- *Zum schwarzen Eber* (4 Punkte)
- *Bei der Lindenwirtin* (2 Punkte)
- *Zur goldenen Gans* (2 Punkte)
- *Weinstube Rebentraum* (0 Punkte, Spieler 1 bekommt insgesamt 12 Punkte für diese Runde)

Spieler 2 ist an der Reihe.

TIPP:

► Das Spiel ist kein *Ich sehe was, was du nicht siehst.* Sagt den anderen Bescheid, wenn ihr eine Gaststätte seht; behaltet es nicht für euch.

7. Katz frisst Maus

SPIELER	SCHWIERIGKEIT	SPIELDAUER
2+	**mittel**	**20 min**

DARUM GEHT'S: Dieses Spiel ist ein verbales Wettrüsten – ihr müsst stets etwas finden, mit dem ihr eure Mitspieler übertrumpft.

KREATIVITÄT, GRAMMATIK, LACHEN

WAS IHR BRAUCHT:

- keine Hilfsmittel erforderlich

UND SO GEHT'S:

Schnick-Schnack-Schnuck kennt ihr doch alle, oder? Dieses Spiel ist eine lustige Abwandlung davon. Die Idee dahinter ist, dass nahezu alles eine Schwachstelle hat und dass man immer etwas Stärkeres findet, wenn man nur genau hinsieht.

Ein Spieler beginnt, indem er etwas Kleines nennt (ich nehme als Beispiel ‚Maus', das ist ein guter Start. Ihr könnt aber auch mit einem Käfer, einem Fingernagel, einem Wurm, einer Schraube, einem Käsestück oder einem Legostein, also eigentlich allem, starten).

Dem nächsten Spieler muss dann etwas einfallen, das die erste Sache besiegt, zerstört, benutzt, in den Schatten stellt, kurz: stärker ist. Die Antwort muss dem Schema **neuer Begriff, Verb, alter Begriff** folgen.

Der nächste Spieler nennt daraufhin etwas, das wiederum den zuletzt genannten Begriff aussticht. So geht es reihum weiter.

Um das Spiel so lange wie möglich am Leben zu halten, könnt ihr die Frage, was das Vorausgehende schlägt, ruhig etwas lockerer nehmen.

Wisst ihr was? Dieses Spiel lässt sich am leichtesten anhand des Beispiels auf der nächsten Seite erklären. (Achte auf die unterschiedlichen Verben, die ich verwendet habe. Sag nicht einfach immer nur: ‚Hammer besiegt Nagel.' Besser ist: ‚Der Hammer schlägt den Nagel ein.')

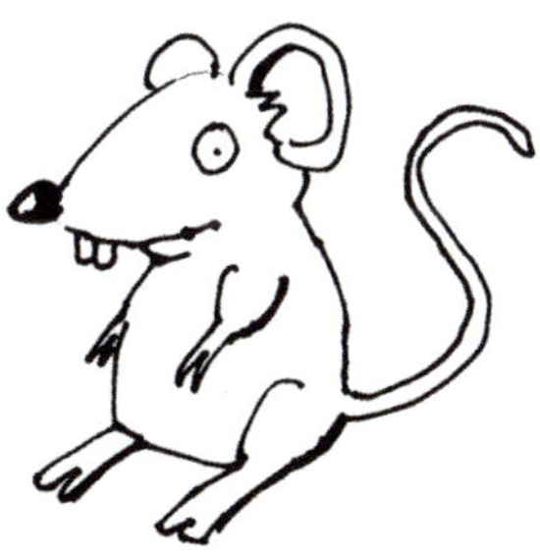

BEISPIEL:

Spieler 1: „Maus."

Spieler 2: „Katze frisst Maus."

Spieler 3: „Mädchen streichelt Katze."

Spieler 4: „Junge jagt Mädchen."

Spieler 1: „PlayStation verführt Jungen."

Spieler 2: „Stiefel zerstört PlayStation."

Spieler 3: „Feuer schmilzt Stiefel."

Spieler 4: „Wasser löscht Feuer."

Und immer so weiter.

TIPPS:

- Das Spiel gewinnen zu wollen ist verlockend. Ich könnte die mächtigste Sache im Universum nennen und dann mit jedem diskutieren, der meint, sie übertreffen zu können. Ich gebe euch aber einen Rat: Das Spiel macht am meisten Spaß, wenn jemand etwas Großes, Mächtiges mit etwas Kleinem besiegt – auch wenn es in der Realität keinen Sinn ergibt. Denkt an etwas wie ‚Maus erschreckt Superman' oder ‚Korken stopft Schwarzes Loch'. Das doch einfach lustig – und dafür machen wir das Ganze doch schließlich, oder?
- Ihr könntet festlegen, dass Begriffe nie wiederholt werden dürfen, auch nicht in den folgenden Runden. So müsst ihr immer wieder ganz neue Lösungen finden.

8. Woher hat Leverkusen seinen Namen?

SPIELER	SCHWIERIGKEIT	SPIELDAUER
2+	**leicht**	**30 min+**

DARUM GEHT'S: Wählt einen Ort auf der Landkarte und erzählt, wie er zu seinem Namen kam.

KREATIVITÄT, ERZÄHLEN, KOMMUNIKATION

WAS IHR BRAUCHT:

- Eine Landkarte der Umgebung. Alternativ: Auf Straßenschildern findet ihr viele Ortsnamen.

UND SO GEHT'S:

Das Spiel habe ich mir zusammen mit meinem Vater auf der Fahrt in den Sommerurlaub ausgedacht. Es macht enormen Spaß, vor allem, wenn man so tut, als wüsste man, wovon man redet.

Findet auf der Karte eine nahegelegene Stadt oder ein Dorf mit einem interessanten Namen. Man findet die seltsamsten und ungewöhnlichsten Ortsnamen, wenn man nur lange genug sucht. Wenn alles in der Umgebung ganz normale, gewöhnliche Namenträgt, zu denen euch nichts auf Anhieb einfällt, müsst ihr euch eben ein bisschen mehr anstrengen.

Erklärt euren Mitspielern, wie der Ort, den ihr euch ausgesucht habt, zu seinem Namen gekommen ist. Versucht, den Orstnamen in seine Einzelteile zu zerlegen und erzählt dann seine Geschichte. Je verrückter die Geschichte, desto besser.

Leverkusen eignet sich gut als Beispiel:

BEISPIEL:

Vor langer Zeit lebte ein verirrter Wikinger mit seinem Stamm in diesen Wäldern. Der Wikinger hieß Ulf und er jagte Hirsche und Rehe und briet sie über dem offenen Feuer. Seine Leute liebten die herzhaften Wildgerichte, doch eines mochten sie nicht: Leber. Einige sagten: „Zu streng im Geschmack!“, andere sagten: „Zu zäh!“ und die ganz Hartgesottenen sagten: „Zu zart!“. Man konnte es ihnen nicht recht machen. Die Leber landete immer in einem Sack. Jetzt müsst ihr wissen, dass diese Wikinger sehr urtümlich sprachen: ein Sack wurde früher Kusen genannt. Das war noch vor der großen Lautverschiebung. Darum heißt ein Kissen übrigens heute Kissen: es ist ein Sack voller Federn. Auch die Leber hieß früher anders: Lever wurden sie genannt. Und weil dort, wo heute Leverkusen liegt, zu Ulfs Zeiten so viele Lebern in den Müllsack wanderten, bekam die Stadt ihren Namen.

TIPPS:

- Es ist interessant, wie unterschiedlich verschiedene Spieler ein und denselben Ortsnamen erklären.
- Falls euch keine Ideen kommen, dann denkt daran, dass sich Schreibweise und Aussprache von Orten im Lauf der Zeit verändert haben können. Sagt den Ortsnamen sehr oft und sehr schnell, bis die Worte verschwimmen und undeutlich werden. Vielleicht fällt euch dann etwas ein.

9. Nummernschild-Mathe-Ass

SPIELER	SCHWIERIGKEIT	SPIELDAUER
1+	**schwer**	**2 min pro Nummernschild**

DARUM GEHT'S: Decodiert das Nummernschild des Autos vor euch. Schafft ihr es, bevor ihr das Auto aus den Augen verliert?

MATHE, CODE, STRATEGIE

WAS IHR BRAUCHT:

- Einen Stau oder eine viel befahrene Straße, auf der man ein Nummernschild eine Weile betrachten kann.
- Falls notwendig: Stift und Papier für Notizen.

UND SO GEHT'S:

Für dieses Spiel müsst ihr gut im Kopfrechnen sein. Seid ihr bereit? Dann sucht euch ein Nummernschild, das alle sehen können.

Die Zahl am Ende des Nummernschilds ist das Ergebnis, die ihr erreichen müsst. Die Buchstaben sind euer Weg dahin. Als Erstes müsst ihr die Buchstaben in Zahlen übersetzen. Das geht bald automatisch und ohne groß nachzudenken. Hier ist der Code:

A = 1	E = 5	I = 9	M = 13	Q = 17	U = 21	Y = 25
B = 2	F = 6	J = 10	N = 14	R = 18	V = 22	Z = 26
C = 3	G = 7	K = 11	O = 15	S = 19	W = 23	
D = 4	H = 8	L = 12	P = 16	T = 20	X = 24	

BEISPIEL:

Im Nummernschild BNL-EV 82 gibt es B = 2, N = 14, L = 12, E = 5, V = 22. Euer Job ist es jetzt, diese Zahlen zu addieren, subtrahieren, multiplizieren und dividieren, um die Zahl 82 zu erreichen. Ihr müsst nicht alle Zahlen verwenden, aber ihr dürft keine davon zweimal benutzen. Nicht jedes Nummernschild lässt sich lösen, aber versucht, so nah wie möglich an die Zahl heranzukommen.

In diesem Fall könnt ihr rechnen: 5 x 22 = 110, substrahiert 14, 12 und 2 (zusammen 28) und landet so bei 82.

Wenn ihr die gewünschte Zahl erreicht, ruft: ‚Nummernschild-Mathe-Ass!' und erklärt den anderen euren Lösungsweg.

TIPPS:

- Wenn ihr zu lange braucht und die Autos zu schnell wieder weg sind, notiert die Nummernschilder. Macht keine Fotos, ohne vorher zu fragen, das mögen die meisten Leute nicht.
- Wenn das Spiel zu schwer ist, benutzt diesen vereinfachten Zahlencode:

A, K, U = 1	**F**, P, Z = 6
B, L, V = 2	**G**, Q= 7
C, M, W = 3	**H**, R = 8
D, N, X = 4	**I**, S = 9
E, O, Y = 5	**J**, T = 10

10. Ich habe einen Job

SPIELER	SCHWIERIGKEIT	SPIELDAUER
2+	**schwer**	**fortwährend**

DARUM GEHT'S: Wortspiele über Berufe als lustiges Konversations-Spiel

WORTSPIELE, TEAMWORK, KOMMUNIKATION

WAS IHR BRAUCHT:

- keine Hilfsmittel erforderlich

UND SO GEHT'S:

Dieses Spiel solltet ihr zu Beginn einer langen Autofahrt erklären und dann eine Weile sacken lassen. Manche Ideen müssen sich erst entwickeln. Manchmal braucht es auch eine Pause und plötzlich ist die zündende Idee da. Ein guter Wortwitz ist nicht leicht zu finden. Aber: Hier gibt es nur Gewinner. Versucht es und habt Spaß!

Das Schema ist immer gleich:

1. „Ich habe einen Job."
2. „Ach ja? Was machst du?"
3. „Ich bin ein …"
4. „Und wie lautet es?"
5. „…"

Spieler 1 muss einen Beruf nennen und dann ein Wortspiel zu diesem Beruf erfinden. Das war's schon! Das Spiel ist großartig, da es unendlich weitergehen kann. Es gibt tausende von Berufen und für jeden einzelnen viele verschiedene Wege, ein Wortspiel daraus zu machen.

Hier sind ein paar Beispiele:

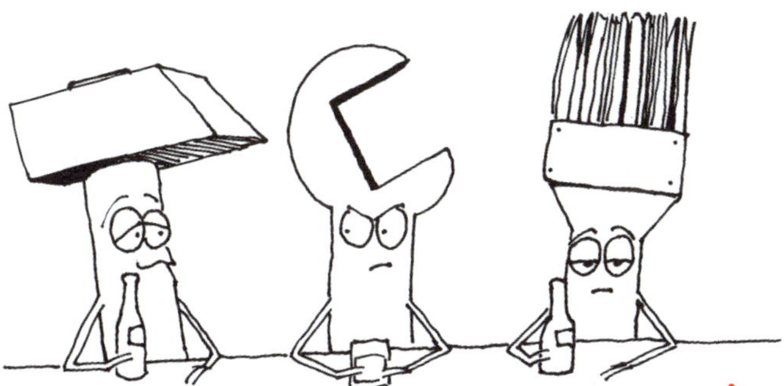

BEISPIELE:

Spieler 1: „Ich habe einen Job."
Spieler 2: „Ach ja? Was machst du?"
Spieler 1: „Ich bin Graveur."
Spieler 2: „Und wie läuft es?"
Spieler 1: „Ich kratze mir was zusammen."
Spieler 3: „Ich habe einen Job."
Spieler 4: „Ach ja? Was machst du?"
Spieler 3: „Ich bin Bungee-Jumping-Lehrerin."
Spieler 4: „Und wie läuft es?"
Spieler 3: „Es ist ein ständiges Auf und Ab."

(Ich quäle euch nicht weiter mit meinen Witzen. Jetzt seid ihr dran!)

TIPP:

- Manchmal fällt einem zum zweiten Teil schneller etwas ein, sodass es einfacher ist, den Witz rückwärts zu entwickeln. Zum Beispiel könntest du dir zu dem Satz ‚Ich bin total gerädert!' einen Beruf überlegen, der etwas mit Reifen zu tun hat.

LEVEL UP:

- Dieses Spiel ist eine richtige Witzmaschine! Wenn du es gut beherrschst, dann versuche es doch auch mal mit *Klopf-klopf*-Witzen. Sie basieren auf dem gleichen Prinzip, da auch hier der eine Spieler immer wieder dieselben Fragen stellt und der andere die ganze Arbeit hat.
- Das erinnert mich an einen meiner Lieblingsstreiche: Ich sage einem Freund, ich kenne da diesen richtig guten *Klopf-Klopf*-Witz, und um ihn zu erzählen, bitte ich ihn anzufangen. Das geht gut bis zur 3. Zeile, für die eigentlich er sich etwas einfallen lassen muss, dabei wollte doch ich den Witz erzählen …? Diese Verwirrung in dem Moment – unbezahlbar!

KAPITEL 2

AM KÜCHENTISCH

Es ist Donnerstagabend, ungefähr halb sieben. Es sollte Fischstäbchen geben, aber die sind im Backofen verbrannt, weil Katrin angerufen hat: Ihr Sohn hat Würmer und sie brauchte deinen Rat. Max will nicht runterkommen, weil er noch seinen Aufsatz zu Ende schreiben muss und Clara möchte nichts essen, weil die Erbsen das Ketchup berührt haben. Und an die Regel ‚Beim Abendessen kein Fernsehen' hält sich schon lange keiner mehr. Allerhöchste Zeit, dass sich etwas ändert.

Hier sind zehn Spiele, die ihr am Esstisch spielen könnt, egal ob ihr darauf wartet, dass der Sonntagsbraten endlich fertig ist oder ihr gerade eine Gemüsepfanne futtert. Ihr braucht nichts weiter als den Tisch, an dem ihr sitzt, und schon könnt ihr loslegen und eine tolle Zeit miteinander erleben.

11. Crambo

SPIELER	SCHWIERIGKEIT	SPIELDAUER
2+	**mittel**	**10–20 min**

DARUM GEHT'S: Reime und Synonyme führen euch zum geheimen Wort. Bei diesem Spiel dichtet ihr euer eigenes einmaliges Gedicht.

GRAMMATIK, WORTSCHATZ, REIMEN

WAS IHR BRAUCHT:

- keine Hilfsmittel erforderlich

UND SO GEHT'S:

Das Spiel ist ein Klassiker. Schon im Mittelalter wurde dieses Ratespiel an den Rittertafeln gespielt.

Ein Spieler, der Dichter, sucht ein Wort aus. Beginnt mit kurzen Wörtern (eine Silbe). Wenn ihr geübte *Crambo*-Spieler seid, könnt ihr auch direkt mit komplizierten Wörtern starten.

Nehmen wir an, der Dichter wählt das Wort ‚Bett'. Er sucht ein Wort, das sich auf Bett reimt und beginnt das Spiel zum Beispiel so: „Ich kenne ein Wort, das reimt sich auf nett".

Die Mitspieler wissen jetzt, dass sie ein Wort erraten müssen, das sich auf ‚nett' reimt. Aber sie dürfen das Wort nicht einfach sagen, sie müssen es umschreiben. Denkt ein Mitspieler beispielsweise, das gesuchte Wort sei ‚Fett', fragt er: ‚Nimmt man es zum Braten?' Und der Dichter antwortet: ‚Nein, es ist nicht Fett'. Ein anderer Mitspieler könnte fragen: ‚Steht es am Ende des Alphabets?' und der Dichter antwortet: ‚Nein, es ist auch nicht ‚Z.' Das geht solange, bis jemand die passende Frage zum gesuchten Wort stellt und der Dichter antwortet ‚Ja, es ist Bett!' Das ist natürlich nur ein Beispiel. Hier kommt noch eins:

BEISPIEL:

Dichter: „Ich kenne ein Wort, das reimt sich auf Teller."
Ratender 1: „Ist es ein Raum unten im Haus?"
Dichter: „Nein, das Wort ist nicht Keller."
Ratender 2: „Ist es, wenn das Licht angeht?"
Dichter: „Nein, das Wort ist nicht heller."
Ratender 3: „Ist es das Gegenteil von langsamer?"
Dichter: „Ja, es ist schneller."

TIPPS:

- Dieses Spiel ist so toll, weil dabei alle aktiv sind. Normalerweise muss die Person, die gerade nicht raten muss, nichts als ‚Ja' oder ‚Nein' sagen. Hier muss man aber auch als Dichter die ganze Zeit um die Ecke denken. Dieses Spiel funktioniert besonders gut in Gruppen, in den denen sich alle gerne aktiv beteiligen.
- Wenn der Dichter nicht auf das Wort kommt, das ein Spieler mit seiner Frage umschreibt, gebt ihm Hinweise oder den ersten Buchstaben, aber sagt niemals das ganze Wort.

LEVEL UP:

- Das Schema ‚Frage, Reimantwort, Frage, Reimantwort' ist ziemlich simpel. Wie wäre es, dem Ganzen auch noch einen Rhythmus zu geben? Lasst euch überraschen, wie der Dichter seine Antworten verändert, damit sie zum Versmaß passen. Wenn ihr auf Hip-Hop steht, könnt ihr dabei auch im Rhythmus mit dem Geschirr klappern.
- Wenn ihr eine besonders gute Runde gespielt habt, schreibt eure Reime auf! Crambo-Gedichte sind lustig, machen Spaß und auch andere können raten, wenn sie später euer Gedicht lesen. Man findet selten ein Spiel, dass auch hinterher noch so viel Spaß macht.

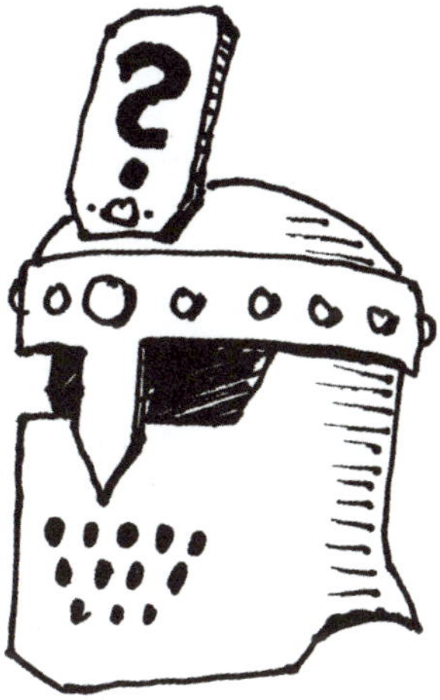

12. Kims Spiel

SPIELER	SCHWIERIGKEIT	SPIELDAUER
2+	**leicht**	**2 min pro Gegenstand**

DARUM GEHT'S: Versteckt etwas unter dem Tisch. Was fehlt?

GEDÄCHTNIS, DRINNEN

WAS IHR BRAUCHT:

- Einen gedeckten Tisch voller Besteck, Geschirr und Lebensmittel. Je mehr desto besser.

UND SO GEHT'S:

Bei diesem Spiel müsst ihr Gegenstände vom Tisch nehmen und auf eurem Schoß verstecken. Spielt also lieber vor dem Essen, wenn die Teller noch nicht fettig sind.

Ein Spieler ist die Spürnase und schließt die Augen. Die anderen nehmen einen Gegenstand vom Tisch und verstecken ihn darunter. Dafür muss sich die Gruppe auf **einen Gegenstand** einigen, außerdem darf nichts anderes auf dem Tisch verändert werden. Jetzt darf die Spürnase die Augen wieder öffnen und muss herausfinden, was fehlt. Es ist verboten, aufzustehen oder unter den Tisch zu gucken. Sie muss freie Sicht auf den Tisch haben.

Die Spürnase hat nur **drei Versuche**. Wenn sie den richtigen Gegenstand gefunden hat, dann feiert den Erfolg überschwänglich und stellt den Gegenstand mit großem Tam-Tam zurück auf den Tisch. Geht hingegen auch der dritte Rateversuch daneben, lüftet das Geheimnis so dramatisch und theatralisch wie möglich. Viel Spaß!

LEVEL UP:

- Dieses Spiel wird mit jeder Runde einfacher. Irgendwann kennt ihr euren Esstisch sehr genau. Nach ein paar Runden könnt ihr die Anzahl der Versuche, die die Spürnase frei hat, auf einen reduzieren oder die Ratezeit auf zehn Sekunden beschränken. Die anderen Spieler können dabei die Zeit von zehn herunterzählen, um die Spannung zu erhöhen.

13. Bitte reich mir...

SPIELER	SCHWIERIGKEIT	SPIELDAUER
2+	**leicht**	**20 min**

DARUM GEHT'S: Dieser Moment, wenn man etwas sagen will, einem aber das Wort nicht einfällt – und das als Spiel.

ZEITVERTREIB, GEDÄCHTNIS, LACHEN

WAS IHR BRAUCHT:

- Einen Tisch voller Gegenstände. Ein gedeckter Esstisch ist ideal.

UND SO GEHT'S:

Dieses Spiel hat zwei Level. Startet mit dem ersten und dann spielt das zweite (ihr könnt es auch wie meine Familie machen und einfach schauen, wie sich das Spiel von allein entwickelt). Ich habe Level 2 nicht unter **Level-Up** notiert, weil es im Grunde genommen das eigentliche Spiel ist. Betrachtet Level 1 als eine Art Einführung.

LEVEL 1:

- Ein Spieler, der Pantomime, sucht sich etwas auf dem Tisch aus, das er gerne haben möchte. Das könnte das Salz sein, Ketchup oder eins der anderen Dinge, die man üblicherweise bei Tisch weiterreicht. Aber es kann auch etwas ganz anderes sein, der Deckel des Mayonnaiseglases oder die Gabel des Sitznachbarn. Der Pantomime sagt: ‚Bitte reich mir ...' und stellt dann pantomimisch den Gegenstand dar, den er haben möchte. Ab diesem Moment darf er kein Wort mehr sprechen. Auch ‚Nein' ist verboten und muss durch Kopfschütteln angezeigt werden. Man darf weder auf das Gewünschte zeigen noch den Gegenstand anstarren. Das Spiel wäre sonst viel zu einfach. Die anderen Spieler reichen dem Pantomimen die Gegenstände mit den Worten ‚Bitteschön, der Salzstreuer!', ‚Hier hast du die Soße!', ‚Bitteschön, ein Fläschchen Rattengift!', doch der Pantomime muss alles ablehnen, bis ihm das angeboten wird, was er haben möchte.

LEVEL 2:

- Wenn ihr bereit seid, dann fangt an, um Sachen zu bitten, die nicht auf dem Tisch stehen. Nehmen wir an, der Pantomime will das Hundehalsband haben. Er sagt: ‚Bitte reich mir ...', um dann pantomimisch darzustellen, wie er dem Hund das Halsband anzieht. Die anderen müssen versuchen, den richtigen Gegenstand herauszufinden und diesen dann ebenfalls pantomimisch überreichen. Dabei sagen sie beispielsweise: ‚Hier bitte, die Halskette!', ‚Bitteschön, der Hund!', bis sie auf ‚Bitteschön, das Hundehalsband!' kommen.

TIPPS:

- Pantomime ist eine Kunstform. Es gibt nicht den einen richtigen Weg, etwas darzustellen. Versucht aber trotzdem, nicht zu schummeln. Es ist verboten, das Wort stumm mit den Lippen zu formen, in der Hoffnung, die anderen könnten es ablesen. Auch Zeichensprache oder das Aufschreiben von Wörtern ist nicht erlaubt. Dann könnt ihr auch gleich nach dem Gegenstand fragen, aber das ist kein Spiel mehr. Das ist dann eine normale Mahlzeit.
- Ihr könnt eine Sache auf ganz unterschiedliche Weisen darstellen: Ihr könnt die Form, das Gewicht oder die Verwendung darstellen, die Empfindungen, die eine Sache in euch hervorruft, oder den Ort, an dem man die Sache findet. Wenn ihr also eine Blumenvase darstellt, könntet ihr so tun, als würdet ihr Blumen pflücken, an ihnen riechen, sie in eine (schwere) Vase stellen, die Vase zum Wasserhahn tragen, mit Wasser füllen, auf den Tisch stellen und die Blumen in der Vase arrangieren. Ihr könnt alles machen, was ihr wollt. Die Phantasie eurer Mitspieler ist die Leinwand, auf der ihr euer pantomimisches Meisterwerk schafft.

14. Mach die Augen zu

SPIELER	SCHWIERIGKEIT	SPIELDAUER
2+	**leicht**	**10 min+**

GEDÄCHTNIS, RÄTSEL

DARUM GEHT'S: Nach diesem Spiel werdet ihr das Zimmer mit anderen Augen sehen.

WAS IHR BRAUCHT:

- keine Hilfsmittel erforderlich

UND SO GEHT'S:

Dieses Spiel verändert sich mit jeder gespielten Runde, da ihr immer besser darin werdet, eure Umgebung wahrzunehmen. Das Spiel ist wirklich einfach und ihr müsst noch nicht mal ankündigen, dass ihr es spielen wollt. Bittet einfach euer Gegenüber, die Augen zu schließen, dann stellt eine einfache Frage zu dem Zimmer, in dem ihr euch befindet.

BEISPIEL:

- Was ist auf der Arbeitsfläche hinter Dir?
- Wie viele Gabeln liegen auf dem Tisch?
- Welche Farbe hat meine Halskette?
- Wie viele Personen sind auf dem Gemälde neben der Tür abgebildet?
- Wie viele Kartoffeln sind auf deinem Teller? (Diese Frage funktioniert am besten, wenn es Kartoffeln gibt, aber das ist nicht zwingend notwendig. Ich habe immer eine Kartoffel in der Tasche, nur um meine Mitspieler zu überraschen, wenn sie die Augen wieder öffnen.)

Die Herausforderung ist, sich an alles mit geschlossenen Augen zu erinnern. Sobald der Herausgeforderte seine Antwort gegeben hat, öffnet er die Augen und ihr überprüft, ob die Antwort korrekt war. Ab jetzt werden alle am Tisch das Zimmer immer bewusster wahrnehmen und ihr könnt allmählich schwerere Fragen stellen.

15. Bier-Pong

SPIELER	SCHWIERIGKEIT	SPIELDAUER
4+	**mittel**	**20 min bis 1 std**

WETTKAMPF, LÄRM, GESCHICKLICHKEIT

DARUM GEHT'S: Ein Geschicklichkeitsspiel, bei dem es hoch her zugeht und auch das Verlieren seine angenehme Seite hat. Gibt es auch als jugendfreie Variante!

WAS IHR BRAUCHT:

- Tisch mit viel Platz darum herum
- 22+ Pappbecher
- 2+ Tischtennisbälle
- Paketband
- Putzlappen
- viel Bier

UND SO GEHT'S:

Bei diesem beliebten Trinkspiel gilt es, mit Geschick und Treffsicherheit das gegnerische Team dazu zu bringen, möglichst schnell möglichst viel Bier zu trinken. Ihr seht schon: bei diesem Spiel kann man eigentlich nur gewinnen!

Zunächst teilt euch in zwei gleich große Teams auf. Bei einer ungeraden Anzahl von Spielern macht einer den Schiedsrichter.

Rückt den leergeräumten Tisch in die Mitte des Raums und schafft ein sicheres Spielfeld um herum: Entfernt alle Stolperfallen, empfindlichen Teppiche, zerbrechlichen Kostbarkeiten und Gegenstände, an denen man sich stoßen könnte.

Üblicherweise wird Bier-Pong an einer Tischtennisplatte oder einem längliches Esstisch gespielt, an jeder Kopfseite ein Team. Ein Couchtisch tut es aber genauso gut, wenn die Werfer dann in ausreichend Abstand vom Tisch in Position gehen. Markiert die gewünschte Standposition sicherheitshalber mit einem Stück Klebeband.

Stellt an gegenüberliegenden Seiten des Tischs jeweils zehn Becher nebeneinander auf, sodass sie Pyramiden bilden, deren Spitzen aufeinander zeigen: eine Reihe von vier Bechern vorn an der Tischkante, dahinter eine Reihe mit drei Bechern, dann eine mit zwei und ein einzelner Becher als Spitze. Jede Pyramide ist einem Team zugeordnet. Füllt nun alle zwanzig Becher gleich hoch mit Bier. Zwei weitere Becher werden zu Bällewasch-Stationen, in die man die im Bier gelandeten Bälle tunkt, bevor man wieder mit ihnen wirft. Dazu füllt ihr sie mit Wasser und stellt sie etwas abseits von den Pyramiden auf den Tisch.

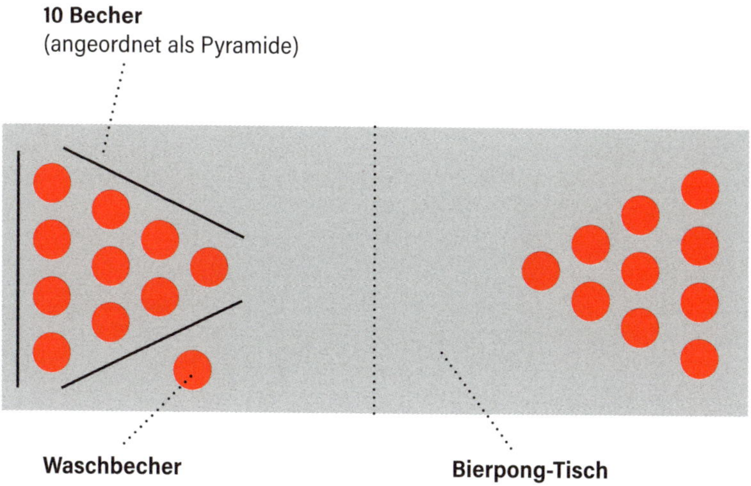

Ziel des Spiels ist, möglichst viele Bälle in den gegnerischen Becher zu versenken. Das Team, das dies als Erstes geschafft hat, hat gewonnen.

Jetzt kann's losgehen: Jedes Team schickt einen Spieler an den Start, der in Wurfabstand vor der Becherpyramide seines Teams in Position geht. Der jüngere der beiden (oder der kleinere, lockigere, mit den coolsten Schuhen) darf anfangen. Er zielt auf das gegnerische Pyramidenfeld und versucht, seinen Tischtennisball sauber in einem der Becher zu versenken. Welche Wurftechnik er wählt, bleibt ihm überlassen, solange er den Abstand wahrt. Der Ball gilt nur dann als versenkt, wenn er im Becher auf dem Bier schwimmt.

Gelingt es dem Werfer, seinen Ball zu versenken, muss (beziehungsweise darf) sein Gegner den getroffenen Becher austrinken; er darf ihn nicht wieder auf den Tisch stellen. Versenkt der Werfer den Ball nicht, ist der andere Spieler an der Reihe. Fallen beim Wurf Becher um, werden sie wieder aufgestellt und neu befüllt.

Haben die beiden ersten Spieler geworfen, treten die nächsten beiden an und immer so weiter, bis ein Team seinen letzten Becher leert. Dann werden alle Becher wieder aufgefüllt; die siegreiche Mannschaft darf die nächste Runde beginnen.

Das Spiel ist zu Ende, wenn ihr es für beendet erklärt … oder nicht mehr treffen könnt!

TIPP:

- Jugendfrei wird das Spiel, wenn ihr das Bier durch Cola, Saft oder Limo ersetzt. Hauptsache lecker und klebrig.

ACHTUNG:

- Sauber kann dieses Spiel gar nicht ablaufen, das gehört dazu! Aber achtet darauf, dass der Boden nicht durch verschüttetes Bier rutschig wird Haltet am besten einen großen Wischlappen bereit und für längere Partien vielleicht einen Putzeimer mit Wasser.

LEVEL UP:

- Wenn alle die Grundregeln beherrschen, peppt das Spiel auf. Mehrere Würfe hintereinander statt je einer im Wechsel sorgen für mehr Tempo. Andere Becherformationen können das Treffen erschweren. Führt Straftrinken für die verschiedensten Verstöße ein: wenn ein Spieler die Linie übertritt oder sich zu weit vorlehnt, wenn er den Gegner abwirft statt dessen Becher, wenn ein Team zu oft hintereinander daneben trifft oder zu viele Becher auf einmal. Oder legt fest, dass der Verlierer alle noch stehenden Becher des Siegers austrinken muss. Oder darf. Darf!

16. König Heinrichs Festbankett

SPIELER	SCHWIERIGKEIT	SPIELDAUER
2+	**mittel**	**15 min**

DARUM GEHT'S: Merkt euch eine immer länger werdende Liste exotischer Speisen.

GEDÄCHTNIS, KREATIVITÄT, LACHEN

WAS IHR BRAUCHT:

- keine Hilfsmittel erforderlich

UND SO GEHT'S:

König Heinrich VIII war bekannt für seinen enormen Appetit und seinen großen Magen. Seine Gelage wurden legendär. Es waren extravagante Feste der Völlerei, bei denen es die ungewöhnlichsten Speisen gab: gegrillten Schwan, geröstete Biberschwänze, Kuheuter, Delfin und dergleichen mehr. Eure Aufgabe ist es, euch ein solches Festmahl auszudenken.

Das Spiel ist besonders unterhaltsam, wenn ihr gerade selbst zu einem Mahl zusammensitzt. Der Reihe nach fügt ihr König Heinrichs Festbankett ein Gericht zu. Dabei müsst ihr euch auch alle Speisen merken (und aufzählen) die schon genannt wurden. Das macht jede Menge Spaß und wird immer mehr zur Herausforderung, je länger die Liste wird.

Ein Spieler beginnt und sagt: ‚Bei seinem Festbankett aß König Heinrich …' und nennt ein beliebiges Gericht. Diese Speisen sollten möglichst erlesen, reichhaltig oder besonders ausgefallen sein. Der nächste Spieler wiederholt nun alle zuvor genannten Gänge und fügt einen weiteren hinzu. So geht es reihum immer weiter.

Wenn sich einer eurer Mitspieler nicht erinnern kann, dann helft, indem ihr das gesuchte Gericht pantomimisch darstellt oder einen kleinen Hinweis gebt. Wenn sich die Gedächtnislücke nicht beheben lässt, ist das Spiel entweder vorbei oder der Mitspieler mit dem schwachen Gedächtnis ist raus. Die anderen spielen solange weiter, bis nur noch einer übrig ist.

BEISPIEL:

Spieler 1: „Bei seinem Festbankett aß König Heinrich einen gekochten Krabbenkopf."

Spieler 2: „Bei seinem Festbankett aß König Heinrich einen gekochten Krabbenkopf und einen vierfachen Cheeseburger."

Spieler 3: „Bei seinem Festbankett aß König Heinrich einen gekochten Krabbenkopf, einen vierfachen Cheeseburger und einen Salat aus Geldscheinen."

Spieler 4: „Bei seinem Festbankett aß König Heinrich einen gekochten Krabbenkopf, einen vierfachen Cheeseburger und ein Schloss aus Karamellbonbons."

Spieler 3: „Du hast den Salat aus Geldscheinen vergessen."

Spieler 4: „Ok, ich bin raus."

Spieler 1: „Bei seinem Festbankett einen gekochten Krabbenkopf, ..."

Und so weiter.

TIPPS:

- Macht euch keine Gedanken, wenn euch keine ausgefallenen Gerichte einfallen. Jedes Essen ist gutes Essen.
- Das Gedächtnis lässt sich trainieren. Ich habe ein sehr schlechtes Gedächtnis, bin aber gut in diesem Spiel. Manche Menschen stellen sich jede Speise bildlich vor. Ich gehe noch einen Schritt weiter und verbinde die Einzelteile der Liste zu einer Geschichte. Ich stelle mir zum Beispiel vor, wie der gekochte Krabbenkopf auf das Burger-Brötchen tropft und es durchweicht, sodass alles auf den Geldscheinsalat fällt. So etwas in der Art.

17. Alle Wege führen nach Rom

SPIELER	SCHWIERIGKEIT	SPIELDAUER
1+	**mittel**	**20 min**

KREATIVITÄT, CHILLEN, ZEITVERTREIB

DARUM GEHT'S: Finde die kürzeste Verbindung zwischen zwei zufälligen Begriffen.

WAS IHR BRAUCHT:

- keine Hilfsmittel erforderlich

UND SO GEHT'S:

Ein Spieler nennt zwei willkürliche Begriffe. Falls ihr dabei Hilfe braucht, nutzt die Liste auf den Seiten 248–250. Schlagt sie auf, schließt die Augen und tippt blind auf zwei Wörter. Jetzt muss jeder versuchen, die kürzeste Verbindung zwischen den Begriffen zu finden. Sobald sich alle etwas überlegt haben, teilt den anderen eure Begriffskette mit. Solltet ihr mit einer Lösung nicht einverstanden sein, weil ihr findet, die Verbindung ist zu konstruiert oder gar falsch, dann lasst den Mitspieler seinen Gedankengang erklären und entscheidet als Gruppe. Die kürzeste Begriffskette gewinnt. Es kann auch einen Sonderpreis für die interessanteste, kreativste oder am besten nachvollziehbare Lösung geben.

BEISPIEL:

Spieler 1 hat ‚Bratwurst' und ‚Elfenbein' gewählt.

Spieler 1: „Bratwurst macht man aus Schweinen, Schweine sind Tiere, Elefanten sind ebenfalls Tiere, Elefantenstoßzähne bestehen aus Elfenbein. 4 Schritte."

Spieler 2: „Bratwurst isst man vom Teller, Teller sind weiß, Elfenbein ist weiß. 3 Schritte."

(Mir gefällt diese Lösung nicht, da Teller auch andere Farben haben können.)

Spieler 3: „Bratwurst isst man mit einer Gabel, Gabeln sind spitz, Stoßzähne sind spitz, Stoßzähne bestehen aus Elfenbein. 4 Schritte."

Wer hat gewonnen? Das dürft ihr entscheiden.

LEVEL UP:

- Es macht auch Spaß, das Spiel mit so **vielen** Verbindungen wie möglich zu spielen. Findet heraus, wie lang die längste Begriffskette werden kann, bevor ihr entweder einschlaft oder den anderen Begriff erreicht.
- Vielleicht kennt ihr das Spiel *Alle Wege führen zu Kevin Bacon*. Es funktioniert nach demselben Prinzip, jedoch mit Schauspielern und das Ziel ist immer Kevin Bacon. Ihr müsst also eine Verbindung zwischen einem Schauspieler eurer Wahl und Kevin Bacon finden. Wenn ihr mit Daniel Radcliffe startet, dann ist die Verbindung, dass Daniel zusammen mit John Cleese in *Harry Potter* gespielt hat und John Cleese zusammen mit Kevin Bacon in *The Big Picture*. Ich bin allerdings sehr schlecht in dieser Variante des Spiels, ich musste das im Internet nachschauen.

18. Wer bin ich?

SPIELER	SCHWIERIGKEIT	SPIELDAUER
2+	**mittel**	**10 min pro Runde**

DARUM GEHT'S: Beruferaten

RÄTSEL, KOMMUNIKATION, CHILLEN

WAS IHR BRAUCHT:

- keine Hilfsmittel erforderlich

UND SO GEHT'S:

Ein Spieleklassiker, den ihr vor oder während des Essens spielen könnt: Ein Spieler sucht sich einen Beruf aus, die anderen müssen ihn erraten. Ihr fangt am besten mit etwas Einfachem an (Polizistin, Milchbauer) und arbeitet euch langsam zu den Ungewöhnlicheren vor (Kolumnistin, Fallschirmsprunglehrer). Wenn euch die Ideen ausgehen, holt euch auf den Seiten 242–244 Anregungen. Dort gibt es einen ganzen Haufen toller Berufe.

Nun dürft ihr der Reihe nach Fragen stellen, um herauszufinden, welchen Beruf sich Spieler 1 ausgesucht hat. Er darf aber nur mit ‚Ja' oder ‚Nein' antworten. Wenn keine eindeutige Antwort möglich ist, sagt: ‚so ähnlich' oder ‚manchmal'. Vermeidet dies aber. Solltet ihr keine Antwort auf eine Frage wissen, sagt es einfach. Sollte das oft passieren, habt ihr euch den falschen Job ausgesucht.

Habt ihr den gesuchten Beruf erraten, ist der nächste Spieler an der Reihe.

BEISPIEL:

Spieler 1 hat sich für ‚Premierminister' entschieden.

Spieler 2: „Trägst du eine Uniform?"

Spieler 1: „Nein."

Spieler 3: „Arbeitest du in einem Büro?"

Spieler 1: „Manchmal."

Spieler 2: „Verkaufst du etwas?"

Spieler 1: „Nein."

Spieler 3: „Verdienst du viel Geld?"

Spieler 1: „Weiß nicht. Möglicherweise."

Spieler 2: „Sieht man dich oft im Fernsehen?"

Spieler 1: „Ja."

Und so weiter.

TIPP:

- Das Spiel ist einfacher, wenn ihr Berufe mit eindeutiger Tätigkeitsbeschreibung wählt. Entscheidet ihr euch stattdessen für Steuerberaterin oder Scheidungsanwalt, müssen die Mitspieler schon sehr einfallsreiche und fachspezifische Fragen stellen, um das Rätsel zu lösen.

19. Scat-Memory

SPIELER	SCHWIERIGKEIT	SPIELDAUER
2+	**schwer**	**15 min**

GEDÄCHTNIS, KREATIVITÄT, RHYTHMUS, LACHEN

DARUM GEHT'S: Schon von Scat-Gesang gehört? Mit diesem Spiel werdet ihr wahre Meister.

WAS IHR BRAUCHT:

- Eine Küche, ein Restaurant oder Café voller Gäste, denen es nichts ausmacht, dass ihr komische Geräusche von euch gebt.

UND SO GEHT'S:

Ein großartiges Spiel, wenn man zusammen am Tisch sitzt. Aber spielt bloß nicht, wenn ihr den Mund voll habt. Falls ihr noch nie von Scat-Gesang gehört habt, dann passt gut auf: Es handelt sich um einen rhythmischen Gesang ohne Text, bei dem man zur Musik passende Silbenfolgen singt. Dabei gibt es keine Regeln, ihr könnt völlig frei improvisieren. Singt einfach, was euch in den Sinn kommt.

Falls ihr online nach Beispielen suchen wollt, versucht es mit diesen:

- *One Note Samba* von Ella Fitzgerald
- *Heebie Jeebies* von Louis Armstrong
- *Scatman (Ski-ba-bop-ba-dop-bop)* von Scatman John

Ok, so gut werden wir wahrscheinlich nie sein, aber wir übernehmen das Konzept für unser Spiel. Scat-Gesang kennt keine Regeln, aber es gibt ein paar ‚Wörter', die immer wiederkehren. Diese enthalten oft perkussive Verschlusslaute, also ‚Plopp'-Laute. Versucht, ein paar der folgenden Silben auszusprechen. Versucht es laut, leise und in verschiedenen Abfolgen.

Bop	Shap	Didlee
Bap	Skip	Doo
Pah	Skee	Woo
Shoop	Dap	Dee

Bereit? Ok! Ein Spieler fängt an und sagt ein Scat-Wort. Der nächste Spieler wiederholt es und fügt ein weiteres hinzu, der nächste Spieler tut es ihm gleich, der nächste auch und der nächste auch und so geht es immer weiter.

Silbe für Silbe erschafft ihr so eine Scat-Melodie mit ihrem eigenen Rhythmus. Die Schwierigkeit ist, sich alle Silben in der richtigen Reihenfolge zu merken. Das Spiel endet erst dann, wenn ihr völlig den Überblick verloren habt.

BEISPIEL:

Spieler 1: „Boop."

Spieler 2: „Boop dada."

Spieler 3: „Boop dada skip."

Spieler 1: „Boop dada skip bop."

Spieler 2: „Boop dada skip bop wheep."

Spieler 3: „Boop skip bop wheep didlee."

Spieler 3 hat ‚dada' vergessen. Ungeheuerlich! Entweder erlaubt ihr dem Spieler, seinen Fehler zu korrigieren oder ihr startet eine neue Scat-Melodie.

TIPPS:

- Versucht mit dem Rhythmus der Scat-Sequenz zu arbeiten. ‚Bap boo shap skip dap woo' ist schon in Ordnung, aber damit gewinnt ihr keinen Grammy. Viel zu uninspiriert. Wippt mit den Füßen, zieht eure dunkelsten Jazz-Sonnenbrillen an und füttert den Groove mit Wörtern, die einen mitreißenden Rhythmus schaffen.
- Es gibt zwar keine Regeln, wie ein Scat-Wort auszusehen hat, versucht aber trotzdem nichts Kompliziertes. Was passt nicht in ‚Bop dap ba-boop whoop skeedily Enzyklopädie skoo whap'?
- Na obwohl ... das Letzte war eigentlich ziemlich gut!

LEVEL UP:

- Das ist ein musikalisches Spiel. Legt eine Platte schönen Instrumentraljazz auf und benutzt die Musik als Backing-Track. Ihr werdet euch wundern, wie die Melodien wachsen und wie gut sie zu den Stücken passen.

20. Das schwerste Spiel der Welt

SPIELER	SCHWIERIGKEIT	SPIELDAUER
4+	**schwer**	**unendlich**

DARUM GEHT'S: Wie schwer kann es sein, bis zwanzig zu zählen?

TEAMWORK, STRATEGIE

WAS IHR BRAUCHT:

- keine Hilfsmittel erforderlich

UND SO GEHT'S:

Ich liebe dieses Spiel, denn die Art und Weise, wie du es spielst, sagt viel über dich aus. Übrigens: Je mehr Mitspieler, desto besser.

Die Aufgabe ist einfach: **Zählt bis zwanzig**.

Die folgenden Regeln machen das schwerer als ihr denkt:

1. Ihr dürft nicht mehr als eine Zahl auf einmal sagen.
2. Ihr dürft euch weder bewegen, noch auf jemanden zeigen oder sonst wie darauf aufmerksam machen, wer als nächstes an der Reihe ist.
3. Wenn zwei Mitspieler gleichzeitig die nächste Zahl sagen: Game Over! Ihr müsst wieder von vorne anfangen.

Bei diesem Spiel geht es um Körpersprache. Ihr müsst nonverbal bestimmen, wer die nächste Zahl sagt. Es darf aber immer nur ein Mitspieler die nächste Zahl sagen. Es ist streng verboten, vorher eine Taktik oder Reihenfolge festzulegen. Jede Gruppe kann gemeinsam bis zwanzig zählen, wenn man weiß, wer als nächstes an der Reihe ist. Bei diesem Spiel müsst ihr euch anders verständigen. Was könnt ihr von den Augen oder der Körpersprache eurer Mitspieler ablesen? Achtung: Es passiert schnell, dass ein Mitspieler die Regie übernimmt oder dass alle das Gleiche tun, um zu signalisieren, wer als Nächster dran ist. Passt auf, dass ihr nicht in diese Falle tappt.

LEVEL UP:

- Wenn es zu einfach ist, bis zwanzig zu zählen, dann zählt einfach weiter! Schreibt mit und versucht euren High-Score zu schlagen.
- Je mehr Mitspieler, desto schwerer das Spiel. Ich habe das Spiel mit einer Schulklasse gespielt und über die Acht sind wie nie hinausgekommen.
- Beherrscht ihr das Spiel richtig gut, versucht es mal mit geschlossenen Augen. Innerhalb von zehn Minuten werdet ihr euch zwar gegenseitig, selbst und auch mich hassen, weil ich es vorgeschlagen habe. Aber es ist eine echte Herausforderung!

KAPITEL 3

EIN LANGER, HEISSER SOMMER

Zwei Wochen Mallorca, das klang im Januar noch nach einem richtig guten Plan. Jetzt, wo ihr da seid, sieht die Sache anders aus. Das Hotelzimmer ist voller Insekten und draußen gibt euch die sengende Sonne den Rest. Vater hat die suspekte Paella probiert und jetzt eine Magenverstimmung, die Kinder haben keine Lust mehr, ihre Bücher zu lesen und chronisch rote Augen vom Chlor des Hotelpools. Aber keine Sorge: Hier habe ich zehn Spiele für euch, mit denen ihr im Schatten einer Palme auch aus dem schlimmsten Urlaub eine schöne Zeit macht. Es sind langsame, kreative Spiele und werden in der Hitze nur noch besser.

In diesem Kapitel findet ihr spannende Geschichten, eine Geheimsprache und einen Kriminalfall, der euch bis zum letzten Urlaubstag in Atem halten wird. Und auch wenn ihr nicht verreist sein solltet: Mit diesen Spielen ist Langeweile Vergangenheit.

21. 21 Mutproben

SPIELER	SCHWIERIGKEIT	SPIELDAUER
2+	**leicht**	**15 min+**

MATHE, STRATEGIE, WETTKAMPF

DARUM GEHT'S: Ein einfaches Zählspiel mit Mutproben

WAS IHR BRAUCHT:

- keine Hilfsmittel erforderlich

UND SO GEHT'S:

Dieses Spiel könnt ihr überall spielen: am Flughafen, am Strand oder auf einer Bergtour. Das Ziel des Spiels ist, nicht ‚einundzwanzig' zu sagen.

Ihr beginnt, abwechselnd zu zählen, beginnend bei eins. Dabei dürft ihr eine, zwei oder maximal drei aufeinanderfolgende Zahlen nennen. Ihr dürft nicht rückwärts zählen und keine Zahlen überspringen oder wiederholen.

Früher oder später wird ein Mitspieler ‚einundzwanzig' sagen müssen. Zur Strafe muss er sich einer Mutprobe stellen. Aber seid nicht zu gemein. Wenn ihr an einem Ort seid, der Mutproben nicht zulässt, stellt dem Verlierer eine peinliche Frage, die er ehrlich beantworten muss.

BEISPIEL:

Spieler 1: „Eins, zwei, drei."
Spieler 2: „Vier, fünf."
Spieler 3: „Sechs, sieben, acht.
Spieler 4: „Neun."
Spieler 1: „Zehn, elf, zwölf."
Spieler 2: „Dreizehn, vierzehn."
Spieler 3: „Fünfzehn, sechzehn, siebzehn."
Spieler 4: „Achtzehn, neunzehn."
Spieler 1: „Zwanzig."
Spieler 2: „Einundzwanzig. Mist!"

Spieler 2 muss eine Mutprobe bestehen.

TIPPS:

- Ich möchte ja nicht zu viel verraten, aber es gibt einen einfachen mathematischen Weg, wie du immer gewinnst, wenn ihr zu zweit spielt. Sollten wir uns jemals begegnen, fordere mich heraus. Du hast keine Chance!
- Je mehr Spieler, desto komplizierter wird es, aber es könnte trotzdem einen Trick geben, wie man nie verliert. Probiert es aus!

LEVEL UP:

Falls einer von euch herausgefunden hat, wie man niemals verliert, braucht ihr eine neue Herausforderung. Versucht Folgendes:

- Verändert die Anzahl der Zahlen, die ihr jeweils hintereinander aufzählen dürft. Das Spiel verändert sich, wenn es vier oder fünf Zahlen sind statt drei.
- Ändert die Zahl: Statt bei 21 kommt die Mutprobe bei 22, 36 oder 81. Beobachtet, wie sich eure Taktik ändert.

22. Mord im Paradies

SPIELER	SCHWIERIGKEIT	SPIELDAUER
4+	**leicht**	**1 Tag bis 2 Wochen**

BEWEGUNG, STRATEGIE, LANGZEITSPIEL

DARUM GEHT'S: Ein Kriminalspiel.
Beginnt das Spiel am Anfang eurer Reise, dann plant und begeht den perfekten Mord.

WAS IHR BRAUCHT:

- Stift und Zettel
- Drei Hüte, Schüsseln oder etwas anderes, aus dem man Zettel ziehen kann.

UND SO GEHT'S:

Das ist das richtige Spiel für euren Familienurlaub. Das Spiel bietet alles: Geheimnisse, Betrug, Täuschung und vor allem Mord.

Hinweis: Bitte bringt nicht wirklich jemanden um. Auch nicht nur ein bisschen. Aber so zu tun, macht Spaß!

Ihr seid im Urlaub angekommen und könnt euch endlich zwei Wochen lang in einem tollen Hotel, Ferienhaus oder Apartment erholen.

Nachdem ihr den ersten Tag genutzt habt, um euch etwas umzusehen und die Gegend zu erkunden, setzt euch zusammen und bereitet das Spiel vor:

1. Schreibt die **Namen aller Mitspieler** auf Zettel, faltet sie und werft sie **in den ersten Hut**. Es ist wichtig, dass die Namen aller Mitspieler im Hut sind, wie beim Wichteln.
2. Jeder schreibt **einen Ort** in eurer Umgebung auf einen Zettel. Der Ort muss leicht zu erreichen sein. Das könnte zum Beispiel ‚die Bäckerei um die Ecke' sein, ‚das Zimmer der Eltern' oder ‚der große Baum im Garten'. Faltet die Zettel und werft sie **in den zweiten Hut**. Zeigt den anderen nicht, was ihr geschrieben habt.
3. Alle Spieler schreiben **einen Gegenstand** auf, der ungefährlich und für alle zugänglich ist. Schreibt etwas wie ‚Baguette', ‚Kissen' oder ‚Stefans Socken'. Schreibt nichts auf eure Zettel, womit man sich wirklich verletzen könnte. Passt auf, dass niemand sieht, was ihr aufgeschrieben habt, faltet eure Zettel und werft sie **in den dritten Hut**.

Wenn ihr fertig seid, zieht jeder einen Zettel aus dem ersten Hut. (Wenn ihr euch selbst zieht, legt den Zettel zurück und zieht nochmal. Sollte der letzte in der Reihe seinen eigenen Namen ziehen, müssen alle ihre Zettel zurücklegen und neu ziehen). Die jeweils gezogene Person ist euer Mordopfer.

Als nächstes zieht ihr Ort und Gegenstand. Jetzt hat jeder von euch ein Opfer, einen Tatort und die Tatwaffe. All das muss euer Geheimnis bleiben – wenn jemand anderes davon weiß, wird es sehr viel schwerer für euch. Ab jetzt läuft die Zeit. Vor dem Ende des Urlaubs musst du dein Opfer allein an den Tatort locken und die Tatwaffe in der Hand halten. Zeige deine Zettel vor; damit hast du dein Gegenüber ermordet. Jetzt könnt ihr den anderen sagen, wen ihr wo und womit umgebracht habt. Das ist nicht nur lustig, sondern hilft den anderen auch herauszufinden, wer sie ermorden will. Währenddessen musst du natürlich trotzdem aufpassen, dass du nicht selbst einem Mord zum Opfer fällst. Halte die Augen offen und achte auf Familienmitglieder, die immer mit einer Zitrone rumlaufen oder dich ständig fragen, ob du mit in die Waschküche kommst. Das können gute Hinweise sein. Das Spiel endet erst, wenn alle ihren Mord begangen haben oder alle tot sind.

Sobald du tot bist, kannst du natürlich niemanden mehr ermorden. Das heißt aber nicht, dass du nicht weiterspielen kannst. Versuche herauszufinden, wer noch übrig ist und was sie vorhaben. **Verrate niemals, wen du ermorden solltest, auch wenn du schon tot bist.** Es macht viel mehr Spaß zuzusehen, wie sich die anderen alle verrückt machen und ihrer Ermordung zu entgehen versuchen.

TIPPS:

- Bei diesem Spiel geht es genauso um das Sammeln von Hinweisen wie um den eigentlichen Mord. Wenn ihr vier Spieler seid und du glaubst herausgefunden zu haben, wen zwei deiner Mitspieler umbringen wollen, dann weißt du auch, wer dich ermorden will. Vermeide es unbedingt, mit dieser Person allein zu sein.
- Pass gut auf deine Zettel auf. Es gibt keine Regel, die es verbietet, die anderen auszuspionieren.
- Das Tolle an diesem Spiel ist, dass ihr eure Hinweise und Erkenntnisse miteinander teilen dürft. Wenn du zum Beispiel bemerkt hast, dass dein Vater immer diese Zitrone mit sich herumträgt, könntest du deinem Bruder diese Information im Austausch gegen seine Beobachtungen anbieten. Wenn er dir erzählt, dass ihn eure Mutter ständig in die Waschküche bittet, dann kannst du möglicherweise aufhören zu befürchten, von ihr ermordet zu werden.

- Sag direkt am Anfang Bescheid, wenn das, was auf deinen Zetteln steht nicht durchführbar ist. Wenn du deinen Vater mit einem lebenden Blauwal im Backofen erschlagen musst, macht das Spiel keinen Spaß.

LEVEL UP:

- Wenn ihr auf einer Rundreise seid, müsst ihr die Tatorte und Tatwaffen allgemeiner formulieren, also etwa nur ‚Restaurant' oder ‚Schlafzimmer'. Solange es solche Orte auf eurer Reise gibt, könnt ihr spielen.

23. Präpo-Spion

SPIELER	SCHWIERIGKEIT	SPIELDAUER
2+	**leicht**	**5 min pro Runde**

GRAMMATIK, RÄTSEL, WORTSCHATZ

DARUM GEHT'S: Trainiert die Verwendung von Präpositionen mit dieser lustigen Abwandlung eines Spieleklassikers.

WAS IHR BRAUCHT:

- keine Hilfsmittel erforderlich

UND SO GEHT'S:

Ihr kennt wahrscheinlich alle das Spiel *Ich sehe was, was du nicht siehst.* Dieses Spiel ist ähnlich – aber auch ganz anders: Hier ist der Hinweis nicht die Farbe des gesuchten Objekts, sondern wo es sich befindet. Dafür müsst ihr natürlich die Präpositionen kennen. Präpositionen sind kleine Wörter, die dir verraten, wo sich etwas befindet. Einfach, oder? Präpositionen sind zum Beispiel ‚Der Hund versteckt sich *unter* dem Teppich' oder ‚Wir haben *nach* dem Fußballspiel zu Abend gegessen'. Hier sind einige weitere Präpositionen:

- innerhalb/außerhalb
- über/unter
- neben, diesseits, jenseits
- vor/hinter
- zwischen

Ein Spieler sucht sich ein Objekt aus. Während man *Ich sehe was, was du nicht siehst* gut während der Autofahrt spielen kann, ist es bei diesem Spiel besser, wenn man langsamer unterwegs ist.

Der Spieler gibt den ersten Hinweis:

‚Ich sehe was, was du nicht siehst, und das ist unter einem Ding, das mit P anfängt'. Die Mitspieler müssen also zuerst den Gegenstand finden, der mit dem Buchstaben P beginnt, und dann das Objekt, das sich darunter befindet.

Wenn alle ihren ersten Rateversuch abgegeben haben und niemand das richtige Ergebnis hatte, kommt der zweite Hinweis, diesmal mit einer anderen Präposition: ‚Ich sehe was, was du nicht siehst, und das befindet sich vor etwas, das mit L beginnt!' Sobald jemand das gesuchte Objekt errät, ist er an der Reihe.

BEISPIEL:

Spieler 1: „Ich sehe was, was ihr nicht seht und das liegt auf etwas, das mit einem T beginnt."

Spieler 2 (denkt, dass T ein Tisch ist):
„Eine Gabel?"

Spieler 1: „Nö."

Spieler 3 (denkt, das T ist vielleicht der Terrakotta-Fußboden):
„Ist es der Hund?"

Spieler 1: „Nee."

Spieler 4 (denkt, dass das T doch der Tisch ist):
„Ist es deine Apfelschorle?"

Spieler 1: „Falsch! Ich sehe was, was ihr nicht seht, und das liegt hinter etwas, das mit A beginnt."

Spieler 4 (sieht, dass auf dem Tisch, hinter dem Glas Apfelschorle, die Sonnencreme liegt):
„Ist es die Sonnencreme?"

Spieler 1: „Korrekt!"

Spieler 4 gewinnt und darf einen neuen Gegenstand aussuchen.

24. Der letzte Buchstabe

SPIELER	SCHWIERIGKEIT	SPIELDAUER
2+	**leicht**	**10–20 min**

DARUM GEHT'S: Ein spaßiges Buchstabenspiel, das süchtig macht.

BUCHSTABIEREN, STRATEGIE, WORTSCHATZ, WETTKAMPF

WAS IHR BRAUCHT:

- Stift und Papier / Whiteboard (optional, siehe **Level Up**)

UND SO GEHT'S:

Die perfekte Unterhaltung für lange Nachmittage in der Hängematte. Das Ziel ist, einem Wort immer weitere Buchstaben hinzuzufügen, ohne es enden zu lassen. Die Spieler schreiben der Reihe nach Buchstaben auf und buchstabieren so ein Wort. Dieses Wort verändert sich natürlich und wird immer länger, da niemand das Wort beenden will. Wer das Wort beendet, verliert ein Leben. Wenn du den Verdacht hast, dass ein Mitspieler blufft und einen Buchstaben hinzufügt, aber gar kein passendes Wort im Sinn hat, dann ruf ‚Challenge!' – dann muss der Mitspieler verraten, welches Wort er buchstabieren wollte. Wenn er kein Wort nennen kann oder es sich um einen Buchstabierfehler handelt, verliert er ein Leben. Wenn der Mitspieler aber ein gültiges Wort nennen kann, dann verlierst du ein Leben. Alle Spieler beginnen mit fünf Leben. Der Spieler, der am Ende übrig bleibt, gewinnt.

BEISPIEL:

Spieler 1 schreibt ‚**G**'.
Spieler 2 denkt an das Wort „Garten" und schreibt ‚**A**'.
Spieler 1 denkt auch an „Garten" und schreibt ‚**R**'.
Spieler 1 hat nicht aufgepasst und verliert ein Leben, denn ‚**gar**' ist schon ein vollständiges Wort.

Zweite Runde:

Spieler 1 schreibt ‚**S**'.
Spieler 2 schreibt ‚**A**'.
Spieler 1 schreibt ‚**C**'.
Spieler 2 könnte jetzt ‚**K** schreiben, aber damit wäre das Wort komplett. Er denkt nicht an ‚**H**' für ‚sachte'. Stattdessen schreibt er ‚**E**' und hofft, Spieler 1 fällt auf den Bluff rein.
Spieler 1 schaut sich ‚**SACE**' zweifelnd an und ruft: „Challenge!"
Spieler 2 kann kein Wort nennen und verliert ein Leben.

TIPPS:

- Wenn dir nur ein Buchstabe einfällt, der das Wort beendet, dann versuche zu bluffen. Nenne einfach einen Buchstaben und schau zu, wie dein Mitspieler rätselt. Du wirst überrascht sein, wie oft auch deine Mitspieler bluffen. Dann zwinge sie dazu, Farbe zu bekennen!
- Vergiss die Umlaute nicht. Ä, ö und ü sind auch Buchstaben.

LEVEL UP:

- Wenn ihr euer Gedächtnis trainieren wollt, verzichtet darauf, die Buchstaben aufzuschreiben.

25. Top 10 von allem

SPIELER	SCHWIERIGKEIT	SPIELDAUER
1+	**leicht**	**30 min pro Liste**

KOMMUNIKATION, TEAMWORK, CHILLEN

DARUM GEHT'S: Listen machen Spaß. Was sind deine Top 10 in den unten genannten Kategorien?

WAS IHR BRAUCHT:

- Kein Muss, aber hilfreich: Internetzugang für die Recherche
- Stift und Papier

UND SO GEHT'S:

Hitlisten, Countdowns – alle Welt liebt Listen. Das Internet ist voll davon. Ich führe ständig Listen und halte meine Top 10 in den verschiedensten Kategorien fest. Lasst uns nicht nach dem Warum fragen, sondern einfach nur genießen. Spielt dieses Spiel, wenn euer Urlaub schon fast vorbei ist und es nichts Aufregenderes mehr zu erleben gibt.

Als Erstes müsst ihr eine Kategorie auswählen. Sucht euch etwas von den Seiten 240–241 aus oder denkt euch selbst etwas aus. Ihr könnt auch einige der folgenden Kategorien nehmen:

- Orte, an denen ich schon war
- Filme, die ich gesehen habe
- Meine Geburtstage
- Superhelden
- Gerüche
- Bücher
- Geräusche
- Chipssorten
- Dialekte und Akzente
- Wörter
- Lieder

Wenn ihr nichts zum Schreiben habt, reichen eure Top 5. Mit Zettel und Stift oder Smartphone könnt ihr auch längere Listen mit zehn oder mehr Punkten machen. Ihr könnt festlegen, dass jeder Mitspieler nur seine eigenen Listen machen kann; wenn sich alle auf gemeinsame Listen einigen müssen, macht es das Spiel aber interessanter. Letzteres ist natürlich schwieriger, aber auch spannender. Wenn du findest, dass eine bestimmte Chipssorte weiter oben auf die Liste gehört, dann musst du argumentieren und die anderen überzeugen. Wenn du es geschickt anstellst, stimmen dir deine Mitspieler zu - und das ist ein tolles Gefühl!

TIPP:

- Es ist besser, die Listen nicht zu persönlich zu gestalten. Ob ihr es glaubt oder nicht: Es macht keinen Spaß herauszufinden, wer wo auf der Liste der ‚besten Freunde' steht.

ERGÄNZUNG:

- Wenn ihr eine Liste erstellt habt, macht ein Plakat daraus, mit Bildern und ausführlichen Erklärungen.
- Achtung, Nerd-Alarm: Wenn ihr das Spiel mit vielen Leuten spielt, könnte zum Beispiel erst jeder seine eigene Liste zu einem bestimmten Thema schreiben und dann fügt ihr alle Einzellisten per Punktesystem zu einer großen, gemeinsamen Liste zusammen. Jeder Platz 1 auf einer Einzelliste zählt zehn Punkte, jeder 2. Platz neun und so weiter. So ermittelt ihr eure Gruppen-Top-10. Tabellen sind der Hammer.

26. Der Story-Tornado

SPIELER	SCHWIERIGKEIT	SPIELDAUER
2+	**mittel**	**5 min pro Geschichte**

STORYTELLING, TEAMWORK, KREATIVITÄT

DARUM GEHT'S: Erfindet zu Begriffen, die man euch zuwirft, Geschichten.

WAS IHR BRAUCHT:

- Zutaten für Eure Geschichten (Seite 242–253), kopiert oder abgeschrieben und ausgeschnitten. Ihr könnt auch eigene Ideen verwenden. Falls ihr keine Zeit habt, das Spiel vorzubereiten, lest die Vorschläge aus dem Anhang vor.
- Schneidet die Wörter für Eure Geschichten aus und legt die Zettel in vier verschiedene Behälter: Person, Ort, Objekt, Handlung.

UND SO GEHT'S:

Bei diesem Erzählspiel geht es hoch her. Es ist total chaotisch und am Anfang nicht ganz leicht, aber je länger ihr dabeibleibt, umso einfacher wird es und eure Geschichten werden immer besser.

Ein Spieler, der Tornado, gibt einem anderen Spieler, dem Erzähler, einen beliebigen Zettel aus einem der vier Töpfe oder liest einen beliebigen Begriff von einer der Ideenlisten hinten im Buch vor. Der Tornado darf sich entweder einen Begriff aussuchen oder muss blind einen ziehen, das legt ihr vorher fest.

Mit dem ersten Begriff beginnt der Erzähler mit seiner Geschichte. Sofort wirft der Tornado ihm einen neuen Zettel aus einem anderen Topf zu (auch hier: blind gezogen oder gezielt herausgesucht, wie ihr es festgelegt habt). Der Erzähler muss den neuen Begriff in seine Geschichte einbauen und weitererzählen. Der Tornado kann ihm nach Belieben neue Zettel zuwerfen. Dabei kann er Zettel auch zurückhalten und zusehen, wie der Erzähler versucht, mit wenigen Begriffen auszukommen, oder er kann immer mehr Zettel in den Ring werfen, um den Rahmen der Geschichte zu sprengen.

Irgendwann sollte die Geschichte natürlich enden. Dann tauscht die Rollen.

BEISPIEL:

Der Tornado gibt dem Erzähler einen Zettel, auf dem ‚Hund' steht.

Erzähler: „Es war einmal ein Hund mit Namen Bello."

Der Tornado gibt dem Erzähler einen Zettel, auf dem ‚Ballon' steht.

Erzähler: „Bello liebte Ballons. Sein Frauchen brauchte nur einen Ballon aufzupusten und Bello jagte den Ballon stundenlang durch den Garten."

Der Tornado gibt dem Erzähler einen Zettel, auf dem ‚Palast' steht.

Erzähler: „Eines Tages jagte Bello einen Ballon die Straße entlang, die Treppen des königlichen Palasts hinauf und durch eine offene Tür in die Gemächer der Königin. Sie tobte und schrie als sie sah, dass der Hund mit seinen schmutzigen Pfoten über die teuren Teppiche gelaufen war."

Und so weiter.

TIPPS:

- Wenn du an der Reihe bist, eine Geschichte zu erzählen, dann entscheide früh, welches deine Hauptfigur sein soll. Gib der Figur eine Problemstellung und beschreibe in deiner Geschichte, wie sie das Problem löst. Egal, was für Zettel dir der Tornado gibt: Schweife nicht ab und bleibe bei deiner Hauptfigur und ihrem Problem. Wie können die neuen Begriffe deine Geschichte bereichern?
- Wenn du der Tornado bist, dann höre dem Erzähler genau zu und versuche ihm zu helfen! Denkst du, er braucht einen neuen Ort für seine Geschichte? Hat er schon zu viele Begriffe aus einer Kategorie? Es macht Spaß, ihm das Erzählen zu erschweren, aber mach es ihm nicht unmöglich.

27. Schwache Superhelden

SPIELER	SCHWIERIGKEIT	SPIELDAUER
1+	**mittel**	**1 std+**

KREATIVITÄT, SCHREIBEN, TEAMWORK, KOMMUNIKATION

DARUM GEHT'S: Denkt euch ein Team von schwachen Superhelden und armseligen Superschurken aus und lasst sie Kämpfe miteinander austragen.

WAS IHR BRAUCHT:

- Bleistift und Papier
- Filz- oder Buntstifte oder eine Zeichen-App auf einem Tablet.
- Die Liste der Gegenstände im Anhang (Seiten 248–250), am besten kopiert und ausgeschnitten oder auf lauter einzelnen Zetteln abgeschrieben. Ihr könnt sie euch aber auch vorlesen.

UND SO GEHT'S:

Dieses Spiel spielt ihr am besten an einem großen Tisch. Ihr werdet euch wundern, wie die Zeit vergeht, wenn ihr euch in dieses Abenteuer stürzt.

Jeder Spieler zieht einen zufälligen Begriff aus der Liste der Gegenstände (wer keine Zettel ausgeschnitten hat, legt einfach mit geschlossenen Augen den Finger auf ein Wort in der Liste). Das ausgewählte Objekt ist die Quelle der Superkraft eures Superhelden. Überlegt euch, wie man mit dem Objekt das Verbrechen bekämpfen kann. Falls ihr lieber ein Superschurke seid, dann überlegt euch, welchen Schaden ihr mit dem Objekt anrichten könnt.

Bevor ihr eure Ideen teilt, nehmt euch fünf Minuten Zeit, Antworten auf diese Fragen zu finden:

- **Wie heißt dein Superheld/-schurke?** Der Name könnte dein Objekt plus -man, -woman, -boy, oder -girl sein. Oder ihr findet eine noch kreativere Lösung.
- **Held oder Schurke?**
- **Was macht deine Figur im normalen Leben?** Was macht sie, wenn sie nicht im Lycra-Anzug unterwegs ist? Wie alt/jung/reich/arm/glücklich/traurig/beliebt/unbeliebt ist deine Figur als normaler Mensch? Hat sie einen Beruf oder eine Familie? Gib deiner Figur eine Biographie.
- **Was ist die Superkraft deiner Figur?** Was zeichnet sie aus, was macht sie einzigartig?

Tipp: Denke daran, was das gezogene Objekt besonders macht. Irgendetwas aus den Händen schießen ist keine neue Idee. Nimm das nur, wenn dir nichts anderes einfällt.

- **Wie hat deine Figur ihre Kräfte bekommen?** Denk dir eine Geschichte aus. Fällt dir nichts ein, ist ‚Gebissen von einem radioaktiven ____' immer ein guter Anfang.
- **Was ist die Schwäche deiner Figur?** Jeder Superheld hat eine Schwäche. Normalerweise ist es das Gegenteil des Objektes auf dem Zettel, den du gezogen hast, oder etwas, das dieses Objekt zerstören kann.

Der beste Superheld ist nicht der Stärkste, sondern der Originellste. Superman hat vielleicht ein tolles Kostüm, aber es gibt ihn schon und außerdem ist er langweilig. Lasst euch etwas einfallen!

Jetzt geht's los: Erzählt euch nacheinander alles über eure Superhelden. Versucht, so viele Details wie möglich in eure Schilderung einzubauen, aber habt vor allem Spaß und langweilt die anderen nicht. Wenn du allein spielst, überspringe den nächsten Schritt.

Stellt euren Mitspielern Fragen, um euch ein möglichst genaues Bild von ihren Superhelden zu machen. Wenn sich eine Figur in eine Qualle verwandeln kann, wie lange dauert der Vorgang? Was passiert, wenn sie sich an Land verwandelt? Hat sie auch die Intelligenz einer Qualle? Tut so, als wären eure Figuren real, versucht, alle ihre verschrobenen Eigenschaften herauszuarbeiten. Dabei könnt ihr eurer Phantasie freien Lauf lassen.

Danach habt ihr verschiedene Optionen:

1. Jeder Mitspieler entwirft (malt oder schreibt) eine Szene, in der die Figuren zum ersten Mal aufeinandertreffen – und kämpfen. Wer gewinnt, entscheidet jeder selbst. Ihr könnt ein großes Bild oder einen Comic malen.
2. Spielt das Aufeinandertreffen in einem Rollenspiel nach. Wer verbündet sich mit wem? Was haben sie gemeinsam? Wer bildet ein erfolgreiches Team?
3. Jeder Mitspieler erzählt, wie der Kampf abläuft. Jeder hat eine Minute für seinen Bericht. Welche Figur gewinnt? Welche verliert?
4. Wenn ihr gerne bastelt, dann malt euren Superhelden/-schurken, klebt ihn auf ein Stück Karton und schneidet ihn aus. Wenn ihr das mit mehreren Figuren macht, habt ihr euer eigenes Superheldenteam. Daraus könnt ihr tolle Geschichten, Fotostories, Spiele oder einfach nur coole Deko machen.

BEISPIEL:

Auf deinem Zettel steht ‚Käse'.

Name: Doktor Roquefort (Superschurke)

Reale Identität: Robert Camembert, grau-melierter Gehirnchirurg aus Paris. Er lebt allein (denn er riecht nach Käse) und hat seinen Job verloren, da seine Patienten aufgrund seines Gestanks aus der Narkose erwachten.

Superkraft: Er kann sich in geschmolzenen Käse verwandeln und überall hinfließen. Der starke Käsegeruch ist eine weitere Superkraft, jedoch keine, die ihm viel nützt.

Geschichte: Robert Camembert hatte einen besonders würzigen Weichkäse im Kühlschrank vergessen. Als er nach Wochen ein Stück davon aß, passierte es: der Käse hatte gefährliche Mutantenbakterien hervorgebracht, die ihn in einen Superschurken verwandelten.

Schwäche: Jede Wärmequelle kann seine Schmelzkräfte triggern. Das ist besonders im Sommer ein Problem. In geschmolzenem Zustand kann er zwar zwischen Gitterstäben hindurchfließen und selbst Tresorschlösser halten ihn nicht auf. Es macht ihn aber auch köstlich und streichfähig und damit angreifbar. Außerdem kann man ihn schon von Weitem riechen. Er stinkt.

LEVEL UP:

- Wenn dir dein Superheld richtig gut gefällt, dann erzähle seine Abenteuer in einem Comic. Den würde ich nur zu gern lesen!

28. Was ist es wert?

SPIELER	SCHWIERIGKEIT	SPIELDAUER
2+	**mittel**	**10 min pro Objekt**

KREATIVITÄT, KOMMUNIKATION, LACHEN

DARUM GEHT'S: Nehmt einen beliebigen Gegenstand und tut so, als wüsstet ihr einfach alles darüber. Je alberner es wird, desto besser!

WAS IHR BRAUCHT:

- Schöne und seltsame Dinge aus aller Welt.

UND SO GEHT'S:

Für dieses Spiel braucht ihr Dinge, die ihr im Urlaub (oder in der Wohnung) gefunden habt. Tut so, als handele es sich um seltene und wertvolle Schätze. Vielleicht kennt Ihr die Fernsehsendungen *Kunst + Krempel* oder *Bares für Rares* und wisst, wie die Experten über die Antiquitäten sprechen, sie bewerten und mit obskurem Fachwissen über die Verwendung, den Hersteller oder die Geschichte eines Objektes überraschen. Darum geht es bei diesem Spiel.

Ein Spieler überreicht dem ‚Experten' einen Gegenstand seiner Wahl. Dabei gibt es keine Regeln, je seltsamer der Schatz, desto besser.

Wenn der Experte das Objekt kennt, sollte er so tun, als wäre es etwas völlig anderes. Bekommt er einen Topf zur Bewertung, dreht er ihn um und erklärt, es sei eindeutig ein Hut. Bekommt der Experte eine Wäscheklammer gereicht, tut er so, als handele es sich um eine ganz besondere Pinzette.

Der Experte muss eine vorher festgelegte Zeit lang (vielleicht zwei Minuten) über den Gegenstand referieren. Natürlich darf nichts von seiner Expertise der Wahrheit entsprechen. Wenn ihr nicht wisst, was ihr über ein Objekt erzählen sollt, nutzt diese Fragen als Inspiration:

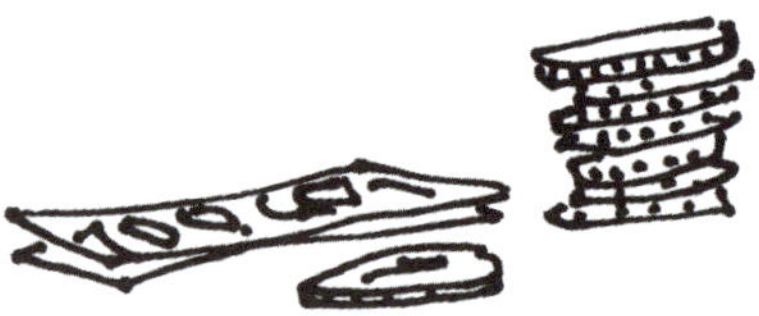

- Was ist der Verwendungszweck?
- Was gibt es für Besonderheiten?
- Wie alt ist das Objekt?
- Wer hat es hergestellt?
- Wie selten oder ungewöhnlich ist das Objekt?
- Was ist die Geschichte dieses Objektes? War es ein beliebter Artikel? Wer hat es benutzt?
- Und natürlich: Was ist es wert?

TIPPS:

- ► Wenn euch mal nichts einfällt, beschreibt einfach detailliert, wie schön und exquisit dieses Exemplar ist.
- ► Wenn ihr gerade nicht an der Reihe seid und merkt, wie der Experte ins Stocken gerät, helft ihm, indem ihr eine der oben genannten Fragen stellt.

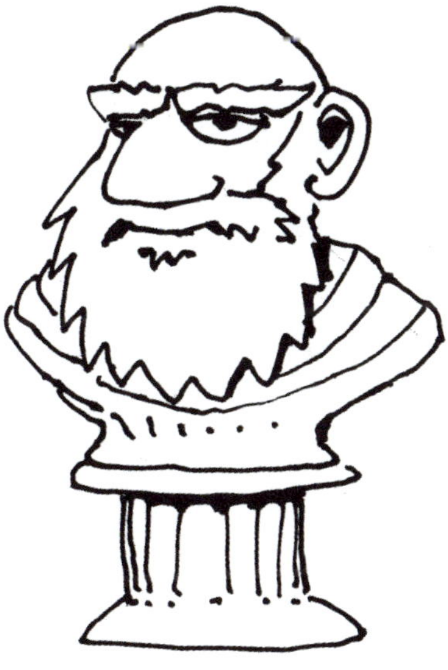

29. Genre-Mixer

SPIELER	SCHWIERIGKEIT	SPIELDAUER
2+	**schwer**	**20 min**

DARUM GEHT'S: Ein Erzählspiel mit überraschenden Wendungen

STORYTELLING, TEAMWORK, LACHEN

WAS IHR BRAUCHT:

- keine Hilfsmittel erforderlich

UND SO GEHT'S:

Bei diesem Spiel gibt es keinen Gewinner oder Verlierer. Doch halt! Das stimmt nicht. Es macht jede Menge Spaß, also gibt es nur Gewinner!

Ein Mitspieler fängt an und erzählt den anderen eine Geschichte aus einer Fernsehserie, einem Buch, Film oder einem Theaterstück. Ihr könnt auch die Titel oder ersten Sätze auf den Seiten 254–266 nutzen.
Bevor es losgeht, müsst ihr nur noch das Genre der Geschichte festlegen. Hier sind eure Optionen:

- Horror: furchterregende Gruselgeschichten voller Spannung
- Mystery: Geschichten, in denen die Hauptfigur Rätsel lösen muss
- Sci-Fi: Fantastische Geschichten voller Laser, Raumschiffen, Aliens und Zeitreisen
- Fantasy: Fabelhafte Welten voller Magie, Drachen, Königinnen und Königen
- Romanze: Hier geht es um die wahre Liebe.
- Comedy: Ein Feuerwerk der Witze und des Slapsticks
- Drama: Anrührende Geschichten über Schule, Familie und die Welt
- Märchen: Sprechende Tiere, Prinzessinnen, Zwerge, böse Hexen
- Mythen/Legenden: Geschichten von Göttern, Reisen in ferne Länder, große Schlachten, magische Wesen

Während der Geschichte dürfen die Zuhörer jederzeit ein neues Genre für die Geschichte festlegen. Der Erzähler muss seine Geschichte entsprechend anpassen. Das Spiel ist zu Ende, wenn die Geschichte zu Ende ist.

BEISPIEL:

Erzähler: „Harry Potter war ein normaler Junge, der bei seinen bösen Onkel und seiner bösen Tante lebte, bis Hagrid ihm sagte, dass er ein Zauberer sei."

Zuhörer: „Wechsle zu Märchen!"

Erzähler: „Hagrid und Harry gingen in einen Wald und trafen einen sprechenden Fuchs. ‚Ich kann besser zaubern als ihr', sagte der Fuchs."

Zuhörer: „Wechsle zu Horror!"

Erzähler: „Harrys Augen weiteten sich als er sah, dass der Fuchs ein Messer in der Hand hielt. ‚Mein erster Zaubertrick', sagte der Fuchs, ‚wird sein, dass ich Blut aus euren Kehlen sprudeln lasse!"

Zuhörer: „Jetzt Fantasy!"

Erzähler: „Harry ergriff sein magisches Amulett und hielt es in die Sonne. In der Ferne hörte man seinen Drachen fauchen, die Schläge der Schwingen ließen die Bäume des Waldes erzittern. Der Fuchs drehte sich um und nahm die Beine in die Hand."

Zuhörer: „Wechsle zu Romance!"

Erzähler: „‚Stop!', rief Harry. ‚Lauf nicht weg!' Der Drache landete in der Nähe, in seinem Maul ein Dutzend roter Rosen. ‚Ich muss Dir etwas sagen … etwas Wichtiges …', flüsterte Harry zärtlich."

Und so weiter.

TIPP:

► Je öfter ihr das Genre wechselt, desto komplizierter wird die Geschichte. Macht euch darüber keine Gedanken, das Spiel soll albern sein.

30. Avagat

SPIELER	SCHWIERIGKEIT	SPIELDAUER
2+	**schwer**	**30 min zum Lernen, lebenslanger Spaß**

DARUM GEHT'S: Eine exzellente Geheimsprache, bei der sich die Wörter direkt vor deiner Nase verstecken.

LACHEN, GRAMMATIK, KOMMUNIKATION, LANGZEITSPIEL

WAS IHR BRAUCHT:

- keine Hilfsmittel erforderlich

UND SO GEHT'S:

Havagal-logovo. Meiveigein Navagame ivigist Ivigi-vavagan.

Avagat ist eine Geheimsprache, die meine Schwestern früher benutzt haben, um miteinander zu sprechen. Ich habe jahrelang nichts verstanden, aber als ich es endlich durchschaut hatte (oder sie mich eingeweiht haben, ich weiß es nicht mehr genau), war ich hellauf begeistert. Es macht riesig Spaß, die Sprache im Urlaub zu sprechen und so zu tun, als wäre es eine exotische Fremdsprache, und dann die Leute zu beobachten, wenn man in bestes Hochdeutsch wechselt. Man muss sehr viel üben – lange Autofahrten und Wartezeiten am Flughafen sind ideal dafür.

Hier bringe ich euch diese Sprache bei. Vergesst aber nicht, dass ihr andere ausschließt, indem ihr eine Geheimsprache sprecht. Es macht zwar Spaß zuzusehen, wie andere versuchen herauszufinden, was ihr sagt. Aber es kann auch ziemlich nervig sein, wenn man der Einzige ist, der nichts versteht.

So funktioniert die Sprache: Nehmt ein Wort und unterteilt es in Silben. Eine Silbe ist die kleinste Lauteinheit eines Wortes. Das Wort ‚hallo' hat zwei Silben: hal-lo.

‚Oktopus' hat drei: Ok-to-pus.

Klatscht, wenn ihr ein Wort aussprecht, um die Silben zu erkennen.

In jeder Silbe des Wortes müsst ihr jetzt hinter alle Vokale und Doppelvokale (also aa, ee, oo, aber auch ai, äu, au, ei und so weiter) die Konsonanten v und g einbauen. Aus ‚hallo' wird dann havagal-lovogo. Aus ‚Oktopus' wird Ovogok-to-vogo-puvugus.

Das klingt natürlich erst mal komisch, aber mit ein wenig Übung werdet ihr die Sprache nicht nur sprechen, sondern auch verstehen können. Und obwohl sie genau hören können, was ihr sagt, ist es für Außenstehende richtig schwer, die Wörter zu erkennen. Wenn ihr üben wollt, dann versucht, das Alphabet aufzusagen. Hier sind die ersten Buchstaben, den Rest müsst ihr selber herausfinden, sorry...

Avaga, bevege, cevege, devege, evege, evegef, gevege, havaga, ivigi, ...

Viel Erfolg!

Veveger-stevegeht ivigihr, wavagas ivigich savaga-gevege?

KAPITEL 4

EINER GEGEN EINEN

Es ist ja eher die Ausnahme, dass man Zeit mit nur einer Person verbringt – sei es nun Partner, Schwester, Bruder, Elternteil, Kind, Freund oder Katze. Und selbst wenn, dann gibt es viele Gründe, sich zu ignorieren: Smartphone, Fernseher, Hausarbeit und so weiter und so fort. Manchmal muss man sich auch einfach hinter einer Zeitung verstecken oder auf das Display starren und mit sich allein sein, obwohl man sich zu zweit im selben Raum aufhält.

Aber manchmal, wenn auch nur hin und wieder, könnte es doch schön sein, sich miteinander zu beschäftigen. Vielleicht befindet euch in einer Situation, in der ihr zu zweit Zeit totschlagen müsst: auf einer langen Zugreise oder wenn du mit deiner Tochter beim Arzt im Wartezimmer sitzt und es nicht so aussieht, als würdet ihr bald drankommen. Egal warum ihr miteinander Zeit verbringt – die Spiele in diesem Kapitel sind perfekt für euch. Es gibt Duelle, gemeinsame Herausforderungen, Wie-du-mir-so-ich-dir-Spiele – also alles, was ihr braucht, um etwas aus eurer Zeit zu machen. Außerdem sind die Spiele echt lustig.

Für viele Spiele in diesem Kapitel braucht ihr Stift und Papier, es könnte also besser sein, sie zu Hause zu spielen. Wenn ihr aber schon vorher wisst, dass ihr lange unterwegs sein werdet, dann nehmt doch einfach alles mit. Wenn euch diese Spiele Spaß machen, dann besorgt euch ein Mini-Whiteboard und die passenden Stifte, dann geht euch das Papier nie aus.

31. Spiegelbilder

SPIELER	SCHWIERIGKEIT	SPIELDAUER
2+	**leicht**	**5 min**

DARUM GEHT'S: Entdeckt Spiegelbilder und entwerft lustige Zeichnungen!

MALEN, CHILLEN, MATHE

WAS IHR BRAUCHT:

- Whiteboard und Marker, aber Schmierpapier und Bleistift tun es auch.

UND SO GEHT'S:

Legt ein Blatt quer vor euch hin und zeichnet genau in der Mitte eine Linie von oben nach unten, sodass ihr zwei identische Hälften habt. Ein Spieler ist der Zeichner und fängt an, der andere ist der Spiegel und folgt. Keine Sorge, ihr könnt euch jede Runde abwechseln. Jeder darf mal anfangen.

Der erste Spieler zeichnet oder kritzelt eine Linie auf seine Seite des Blattes. Der zweite Spieler versucht nun, die Linie exakt nachzumalen, aber so, als wäre es ein Spiegelbild. Dabei dürft ihr eins nicht vergessen: Im Spiegel ist alles seitenverkehrt.

Je mehr Linien der Zeichner zeichnet, desto komplexer wird das Bild. Der Spiegel versucht, alles so genau wie möglich zu spiegeln. Achtet darauf, welche Details sich wo befinden und ob die Größe stimmt.

Der Zeichner muss genau aufpassen, ob der Spiegel einen Fehler macht. Wenn ihr ein Whiteboard benutzt, lassen sich Fehler einfach korrigieren. Das Spiel ist vorbei, wenn der Spiegel beschließt, dass euer Meisterwerk vollendet ist. Dann tauscht die Rollen.

TIPP:

- Falls ihr vorher üben wollt, setzt euch vor einen echten Spiegel und beobachtet, wie sich eure Hände bewegen. Je dichter ihr am Spiegel seid, desto näher ist auch euer Spiegelbild. Berücksichtigt dieses Prinzip im Spiel.

LEVEL UP:

- Wenn ihr richtig gut seid, dann einigt euch darauf, absichtlich einen Fehler in das Spiegelbild einzubauen. Der Zeichner muss dann ganz genau aufpassen. Das ist super, denn für den Zeichner besteht die Gefahr, sich nur auf sein Bild, nicht aber auf das Spiegelbild zu konzentrieren. Auf diese Weise könnt ihr das verhindern.
- Probiert einmal, die Variante ohne Papier oder Whiteboard zu spielen. Stellt oder setzt euch dazu einander gegenüber und spielt, dass einer von euch das Spiegelbild des anderen ist. Das Spiegelbild muss jede Bewegung so genau wie möglich nachmachen. Wie genau könnt ihr euer Gegenüber kopieren? Nach einigen Minuten dürft ihr die Rollen tauschen.

32. Blindflug

SPIELER	SCHWIERIGKEIT	SPIELDAUER
2	**leicht**	**30 min**

DARUM GEHT'S: Gebt euch Anweisungen und dirigiert euch sicher durch das Haus.

TEAMWORK, WORTSCHATZ, DRINNEN

WAS IHR BRAUCHT:

- Eine Augenbinde. Benutzt einen Schal, ein T-Shirt oder etwas anderes, das als Augenbinde taugt. Bedeckt nur die Augen, ihr müsst noch atmen können.

UND SO GEHT'S:

Dieses Spiel spielt ihr am besten zu Hause. Mit verbundenen Augen wird der Ort, den ihr gut zu kennen glaubt, zu einem mysteriösen Labyrinth. Spielt das Spiel nicht an öffentlichen Orten: viel zu gefährlich.

Ein Spieler ist der Pilot und verbindet seine Augen, der andere ist der Fluglotse und gibt ihm ‚Fluganweisungen'. Der Fluglotse bestimmt das Ziel. Die Anweisungen müssen einfach und unmissverständlich sein. Das können zum Beispiel die Anzahl der Schritte, Richtungsänderungen oder sogar das Öffnen oder Schließen von Türen sein. Der Lotse darf den Piloten nicht anfassen und führen, und auf keinen Fall dürft ihr den anderen absichtlich gegen Wände laufen lassen, auch wenn das vielleicht lustig klingt.

WICHTIG:

- Versucht niemals, euch Treppen hinunterzulotsen. Hinauf ist schwierig, aber möglich. Treppab ist verboten!
- Dirigiert euch niemals in die Nähe von Gegenständen, an denen ihr euch verletzen könntet.
- Derjenige, der die Augenbinde tragt, darf keinerlei Risiken eingehen.

LEVEL UP:

- Wenn ihr echte Blindflug-Experten seid, könnt ihr anfangen, euch mehrere Anweisungen auf einmal zu geben, also beispielsweise: ‚Gehe drei Schritte vorwärts, drehe dich nach links und greife nach der Türklinke.' Der Pilot muss sich alles merken, der Fluglotse darf nicht mehr eingreifen (es sei denn der Pilot läuft Gefahr, sich zu verletzen). Die Herausforderung ist, dass der Fluglotse keine Korrekturen mehr vornehmen kann. Selbst kleine Fehler können euch weit von Kurs abbringen.

33. Kritzel-Challenge

SPIELER	SCHWIERIGKEIT	SPIELDAUER
1+	**leicht**	**10 min**

DARUM GEHT'S: Ein witziges Zeichenspiel

KREATIVITÄT, CHILLEN, MALEN

WAS IHR BRAUCHT:

- Buntstifte, Papier

UND SO GEHT'S:

Man kann das Spiel zwar allein spielen, aber besser ist es zu zweit.

Wenn ihr zu zweit seid, kritzelt jeder dem anderen etwas auf ein Blatt. Diese zufällige Kritzelei kann jede Form und Größe haben, sollte aber nicht zu kompliziert sein, sonst wird es zu schwer.

Schaut euch die Kritzelei, die ihr bekommen habt, genau an – was könnte das sein? Habt ihr euch entschieden, malt das Bild zu Ende. Je kreativer das Ergebnis, desto besser.

TIPP:

- Malt keine Gesichter. Aus jeder Kritzelei kann man ein Gesicht machen. Fragt euch lieber, was sonst noch eine solche Form haben könnte.

LEVEL UP:

- Wenn ihr einen Scanner oder Kopierer habt, kopiert eine Kritzelei und verteilt sie an mehrere Mitspieler. Es ist spannend, zu sehen, wie unterschiedlich eure Ergebnisse sein werden.

34. Glücklicherweise, unglücklicherweise

SPIELER	SCHWIERIGKEIT	SPIELDAUER
2	**leicht**	**10 min pro Runde**

DARUM GEHT'S: Erzählspiel, bei dem den Hauptfiguren die großartigsten und schrecklichsten Dinge passieren

WORTSCHATZ, DRINNEN, LACHEN

WAS IHR BRAUCHT:

- keine Hilfsmittel erforderlich

UND SO GEHT'S:

Oben steht zwar, dass dies ein Spiel für zwei ist, man kann es aber auch zu mehreren spielen, je nachdem, wie viele ihr seid.

Ein Spieler beginnt die Geschichte mit einem Eröffnungssatz. Das kann alles sein, wenn euch aber nichts einfällt, benutzt einen der Sätze von Seite 260.

Jetzt ist der nächste Spieler an der Reihe; er muss einen Satz hinzufügen. Dieser muss mit ‚Unglücklicherweise' beginnen. Das heißt, Spieler 2 wird der Hauptfigur eurer Geschichte das Leben jetzt schwer machen. Nun ist der erste Spieler wieder dran. Sein Satz muss mit ‚Glücklicherweise' beginnen. Es wird also doch nicht so schlimm für eure Hauptfigur. Oder doch? Jetzt kommt wieder Spieler 2: Sein Satz beginnt wieder mit ‚Unglücklicherweise'. Das geht immer so weiter, bis euch die Ideen ausgehen oder die Geschichte anfängt, euch zu langweilen. Das ist allerdings unwahrscheinlich, ihr werdet äußerst dramatische Geschichten erfinden.

BEISPIEL:

Spieler 1: „Timmy lebte am Meer und wollte Entdecker werden."

Spieler 2: „Unglücklicherweise hatte er kein Boot."

Spieler 1: „Glücklicherweise las er in der Zeitung von einem Preisausschreiben, bei dem der erste Preis ein Boot war."

Spieler 2: „Unglücklicherweise hatte er den Einsendeschluss verpasst."

Spieler 1: „Glücklicherweise gab es keine anderen Teilnehmer, sodass er trotzdem gewann."

Spieler 2: „Unglücklicherweise war das „Boot" nur ein kleines Spielzeug."

Spieler 1: „Glücklicherweise war Timmy winzig, sodass es genau die richtige Größe für ihn hatte."

Und so weiter.

TIPP:

- Es ist nicht einfach, eine gute Balance zwischen gut und schrecklich zu finden, ohne die Geschichte zu verderben. ‚Unglücklicherweise ist Timmy ertrunken.' ist kein guter Satz. Versucht lieber: ‚Unglücklicherweise wurde Timmy von einer Welle über Bord gespült.' So hat Timmy (und damit auch euer Mitspieler) eine Chance. Nicht vergessen: Ihr erzählt die Geschichte gemeinsam.

LEVEL UP:

- Wie bereits erwähnt: Dieses Spiel lässt sich auch mit mehreren Spielern spielen. Bei einer ungeraden Anzahl von Spielern wird der einzelne seinen Satz immer abwechselnd mit ‚Glücklicherweise' und ‚Unglücklicherweise' beginnen, was dem Spiel eine ganz andere Dynamik verleiht.

35. Ferngesteuert

SPIELER	SCHWIERIGKEIT	SPIELDAUER
2	**leicht**	**30 min**

DARUM GEHT'S: Ein verrücktes Bewegungsspiel, bei dem ihr übt, klare Anweisungen zu geben.

TEAMWORK, BEWEGUNG, DRINNEN

WAS IHR BRAUCHT:

- keine Hilfsmittel erforderlich

UND SO GEHT'S:

Ihr sitzt zu Hause und langweilt euch? Spielt dieses Spiel! Einer ist der Roboter, der andere sein Erbauer. Der Roboter muss alle Anweisungen seines Erbauers befolgen.

Der Erbauer denkt sich eine Aufgabe für den Roboter aus: Brote schmieren, Katze füttern, Zähne putzen, oder Ähnliches. Der Erbauer beginnt jetzt, ganz einfache und klare Anweisungen zu geben, die der Roboter absolut wörtlich nehmen muss. Wenn der Befehl ‚Geh geradeaus!' lautet, muss der Roboter so lange geradeaus laufen, bis er vor einer Wand steht. Wenn es heißt: ‚Links abbiegen', läuft der Roboter so lange links im Kreis herum, bis der Erbauer ihm befiehlt anzuhalten.

Bekommt der Roboter einen zu komplizierten Befehl (‚Geh die Treppe hoch!'), muss der Roboter dem Erbauer mit eintöniger Roboterstimme sagen: ‚Bleep, blopp, Befehl unklar, kann nicht ausgeführt werden!' Der Roboter braucht dann einfachere Anweisungen, beispielsweise ‚Setze den linken Fuß auf die unterste Treppenstufe.'

Eine meiner Ferngesteuert-Partien endete mit einem Marmeladenbrot, das unter der Decke klebte. Gebt also lieber klare Anweisungen! Macht nicht meine Fehler, Leute!

Sobald ein Befehl ausgeführt wurde, tauscht die Rollen.

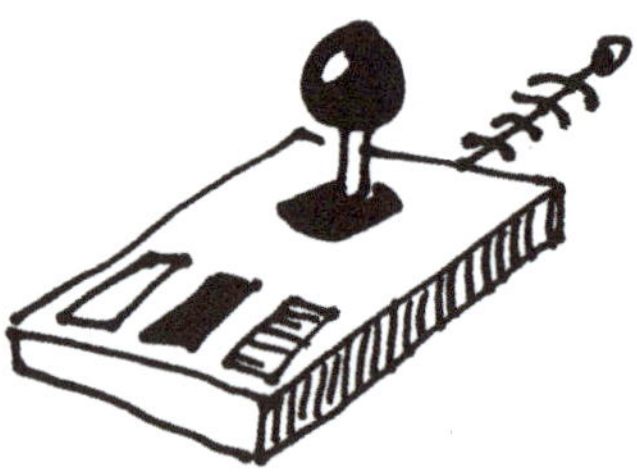

TIPPS:

- Wenn du der Roboter bist und findest, dass die Anweisungen nicht genau genug sind, dann verlasse nicht die Roboter-Rolle, sondern sage ‚Bleep, Blopp, mehr Daten erforderlich' oder ‚Rückfrage: Laufrichtung unklar. Erwarte Befehle'. Dein Erbauer wird den Hinweis verstehen.
- Wenn du der Erbauer bist und der Roboter deine Anweisungen nicht befolgt oder absichtlich falsch versteht, raufe dir die Haare, klage über Fehlfunktionen und schalte ihn aus und wieder an. Wenn das nicht hilft, schalte ihn aus und rufe den Kundendienst an.
- Sollte sich der Roboter mit den ihm gestellten Aufgaben unwohl fühlen, haltet das Spiel an und redet darüber. Niemand sollte sich zu etwas gezwungen fühlen.
- Der Erbauer darf den Roboter niemals in gefährliche Situationen bringen und der Roboter sollte sich niemals seinerseits in gefährliche Situationen begeben. Schaltet eure (Menschen-)Gehirne ein!

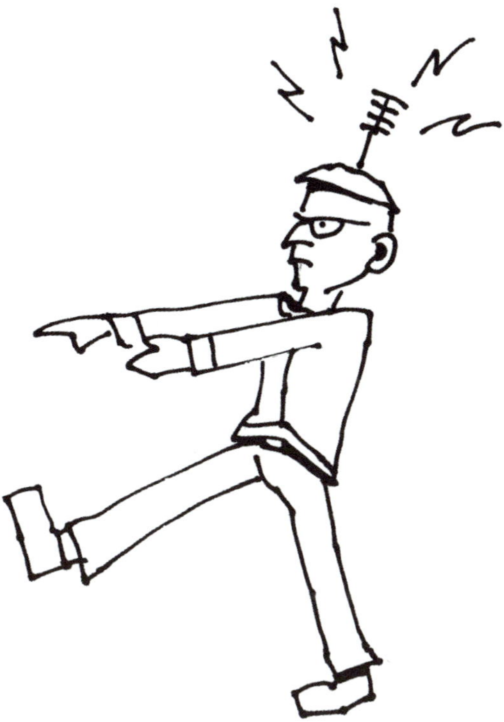

36. Käsekästchen

SPIELER	SCHWIERIGKEIT	SPIELDAUER
2	**leicht**	**20 min**

DARUM GEHT'S: Macht Striche, schließt Kästchen und hindert euren Gegner daran, das Gleiche zu tun.

STRATEGIE, ZEITVERTREIB, CHILLEN, MATHE

WAS IHR BRAUCHT:

- Kariertes Papier. Blankopapier geht auch, dann ist es aber schwerer, das Spielfeld zu zeichnen.
- Stifte (zwei unterschiedliche Farben sind praktisch, aber nicht unbedingt notwendig)

UND SO GEHT'S:

Auf ein Blatt Papier malt ein Raster aus 5 x 5 Punkten oder, falls das Spiel länger dauern darf, 10 x 10 Punkten. Achtet darauf, dass ihr ein gleichmäßiges Raster zeichnet. Benutzt ihr kariertes Papier, ist das einfach: macht die Punkte dort, wo sich die Linien kreuzen.

Bei liniertem oder Blankopapier setzt die Punkte einfach so gleichmäßig, wie es geht.

Das Raster sollte so aussehen:

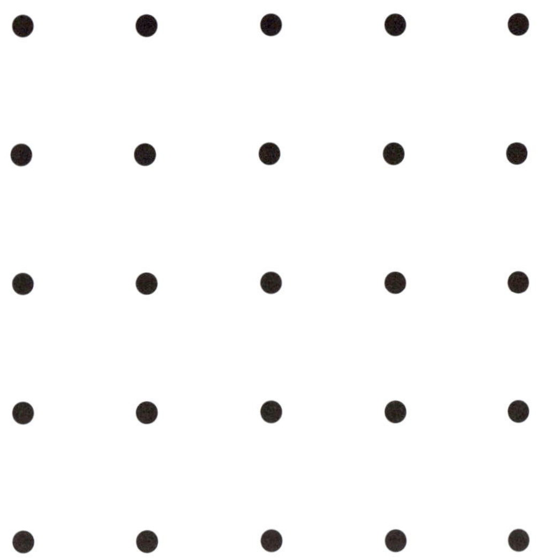

Jetzt beginnt das Spiel:

Abwechselnd verbindet ihr zwei Punkte mit einer horizontalen oder vertikalen Linie. **Diagonale Linien sind nicht erlaubt!**

Das Ziel ist, ein Kästchen zu schließen, also die vierte Linie um ein Kästchen zu zeichnen.

Da ihr abwechselnd an der Reihe seid, kann dein Gegner das Kästchen schließen, wenn du die dritte Linie um ein Kästchen gemacht hast. Sei also vorsichtig! Pass auf, dass du kein Kästchen mit mehr als zwei Linien versiehst.

Früher oder später wird es natürlich unmöglich, Linien zu zeichnen, ohne dem Mitspieler die Gelegenheit zu geben, Kästchen zu schließen.

In folgendem Beispiel hat Spieler B keine Optionen mehr und ist gezwungen, eine dritte Linie zu zeichnen:

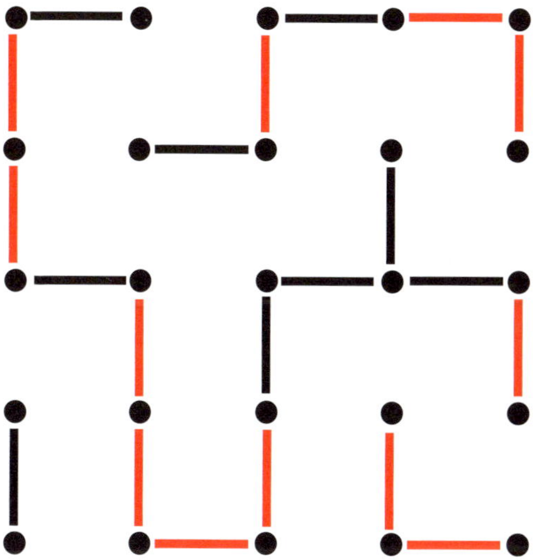

Spieler A kann jetzt die vierte Linie zeichnen und das Kästchen schließen. In das geschlossene Kästchen schreibt er den Anfangsbuchstaben seines Vornamens. Dann ist er nochmal dran.

So kann es sein, dass ein Spieler gleich mehrere Kästchen hintereinander für sich beanspruchen darf, während der andere Spieler nur zuschauen kann. Hier kann Spieler A das Kästchen darüber auch schließen. Diese Situation vorherzusehen und zu verhindern, dass ein Gegenspieler mehrere Kästchen schließen kann, ist ein wichtiger Teil des Spiels.

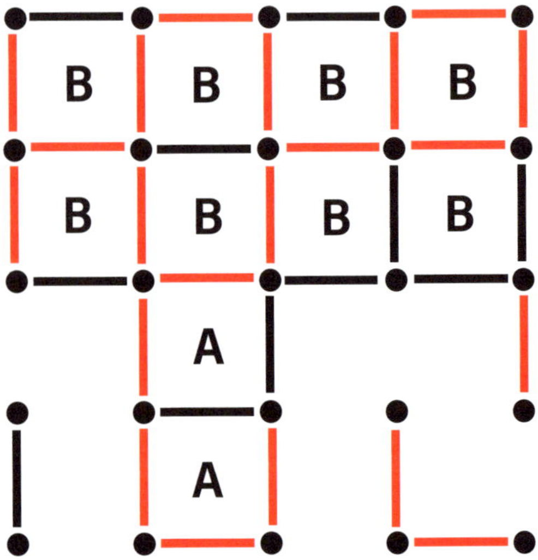

In diesem Beispiel hat Spieler A zwei Kästchen bekommen, dann aber eine Linie gezeichnet, die Spieler B in die Lage versetzte, gleich acht Kästchen zu beanspruchen. Wenn ihr das Spiel öfter gespielt habt, lernt ihr, solche Kettenreaktionen vorauszusehen. Sobald ein Raster komplett ist, zählt, wer die meisten Kästchen erobert hat. Das ist der Gewinner!

37. Würfelfußball

SPIELER	SCHWIERIGKEIT	SPIELDAUER
2	**mittel**	**15 min pro Runde**

DARUM GEHT'S: Eine aufregende Fußball-Simulation

WETTKAMPF, MATHE

WAS IHR BRAUCHT:

- ein Blatt Papier, um das Spielfeld aufzuzeichnen
- eine Münze oder einen Spielstein als Ball
- zwei Würfel (einer geht zur Not auch)

UND SO GEHT'S:

Spiele sind ein toller Zeitvertreib. Ich war immer fasziniert von rundenbasierten Spielen, bei denen man mithilfe von Würfeln fantastische Welten oder epische Schlachten simuliert. In dieser Variante ist es ein Fußballspiel. Dieses Spiel könnt ihr ewig spielen, es ist einfach und trotzdem unterhaltsam. Außerdem muss das Glück auf eurer Seite sein, das macht es umso spannender.

Hier ist eine einfache Skizze des Spielfeldes. Zeichnet es auf ein Blatt Papier und beachtet dabei, dass sich das Spielfeld in sechs Zonen teilt (drei in jeder Hälfte, inklusive Strafraum). Lasst auf dem Blatt auch etwas Platz für die Spielstände und die virtuelle Stadionuhr.

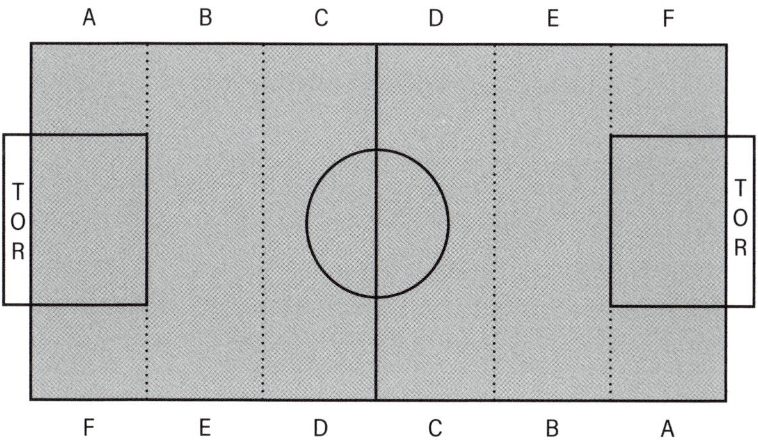

Legt das Spielfeld längs zwischen euch. Euer Ziel ist es, sowohl erfolgreich zu verteidigen, als auch anzugreifen. Lasst beide eure Würfel rollen – wer die höchste Zahl hat, beginnt und setzt den Ball in seinen Spielfeld-Abschnitt C. **Beachtet, dass es die Abschnitte A bis F in entgegengesetzter Anordnung für beide Spielrichtungen gibt.**

Solltet ihr die gleiche Zahl gewürfelt haben, wiederholt den Wurf und das Spiel kann beginnen.

Um ein Tor zu erzielen, musst du den Ball erobern, bis in Abschnitt F vordringen und ins Tor schießen. Wenn du den Ball hast, würfle und schaue, was passiert. Hier sind die verschiedenen Möglichkeiten:

Abschnitt A bis E:

Als Erstes würfelt der Spieler **ohne Ball**, um zu verteidigen, Dann würfelt der Spieler in Ballbesitz, um die Zahl zu toppen.

- Hat der angreifende Spieler mindestens 2 Punkte mehr auf seinem Würfel als der verteidigende Spieler: Langer Pass. Rücke zwei Abschnitte vor (aber nur einen, wenn du schon in Abschnitt E bist). Der Angreifer bleibt dabei in Ballbesitz.
- Würfelt der Angreifer eine Zahl, die um 1 höher ist: Kurzpass. Rücke in den nächsten Abschnitt vor. Der Spieler behält den Ball.
- Wenn beide Spieler die gleiche Zahl würfeln: Das sind die Spielminuten. Würfeln beide eine 5, addiert 10 Minuten auf der Stadionuhr. Der Spieler bleibt in Ballbesitz.
- Würfelt der Angreifer eine Zahl, die 1 Punkt niedriger ist als die des Verteidigers: Rückpass. Der Angreifer bewegt sich einen Abschnitt zurück, bleibt aber in Ballbesitz.
- Würfelt der Angreifer eine Zahl, die mindestens 2 Punkte niedriger als die des Verteidigers ist: Der Verteidiger gewinnt den Zweikampf und startet seinen Angriff, und zwar in dem Abschnitt, in dem er den Ball erobert hat.

Abschnitt F (Strafraum):

Hier läuft das Spiel anders: Der Angreifer muss eine Zahl zwischen 1 und 6 nennen und dann würfeln. Der Verteidiger kann nicht eingreifen.

- Wenn ihr die Zahl würfelt, die ihr vorher genannt habt: TOR! (+1 für den Punktestand, der Gegenspieler hat nun Anstoß in Abschnitt C)
- Ist die gewürfelte Zahl nur einen Punkt von der Zahl, die ihr vorher genannt habt, entfernt: Nachschuss! (Würfelt nochmal).
- Alle anderen Zahlen: Gehalten! (Der Gegner hat Abstoß und darf seinen Angriff in seinem Abschnitt A starten).

Der Spieler in Ballbesitz greift an, bis er den Ball verliert. Sobald das passiert, wechselt das Spiel die Richtung. **Achtet darauf, euch an die jetzt für euch gültige Markierung der Spielabschnitte zu halten.**

Die Stadionuhr tickt unerbittlich weiter, wenn ihr die gleichen Zahlen würfelt (siehe oben). Nach 90 Minuten ist das Spiel vorbei. Bei einem Unentschieden könnt ihr das nächste Tor entscheiden lassen.

LEVEL UP:

- Ihr könnt das Spiel jederzeit komplizierter machen und Regeln für Fouls, Ecken, Freistöße und Elfmeter entwickeln. Wenn ihr gute neue Regeln findet, lasst es mich wissen!
- Ich bin ein großer Fan von Tabellen. Wenn ihr mehrere Spieler seid, spielt ein kleines Turnier. Ein Sieg gibt drei Punkte, ein Unentschieden einen Punkt, eine Niederlage null Punkte. Die beiden Spieler mit den meisten Punkten können dann im großen Finale den ultimativen Würfelfußballmeister küren.

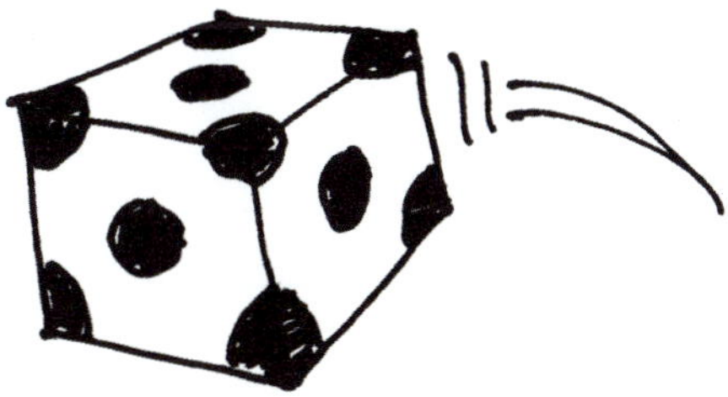

38. Switch!

SPIELER	SCHWIERIGKEIT	SPIELDAUER
2	**mittel**	**15 min**

DARUM GEHT'S: Erzählspiel mit überraschenden Wendungen

STORYTELLING, TEAMWORK, LACHEN

WAS IHR BRAUCHT:

- keine Hilfsmittel erforderlich

UND SO GEHT'S:

Ein Spieler ist der Erzähler und fängt an.
Ihr könnt mit einem Märchen beginnen, einem Film oder einer Geschichte, die ihr beide kennt.

Hier sind ein paar Vorschläge:

- Goldlöckchen und die drei Bären
- Rapunzel
- Schneewittchen und die sieben Zwerge
- Hänsel und Gretel
- Aschenputtel
- Das tapfere Schneiderlein
- Frau Holle

Der Zuhörer kann jederzeit ‚Switch!' rufen, dann muss der Erzähler seiner Geschichte sofort eine völlig neue Wendung geben. Der Erzähler darf die Geschichte beenden, wann er will, aber es ist sehr wahrscheinlich, dass sie nicht so endet, wie er sich das anfangs vorgestellt hatte. Ständige Richtungswechsel und Improvisation machen dieses Spiel so reizvoll.

BEISPIEL:

Erzähler: „Es war einmal ein Mädchen, das hieß Goldlöckchen. Eines Tages ging es im Wald spazieren und kam an eine Hütte. Es klopfte an die Tür, doch niemand war zu Hause."

Zuhörer: „SWITCH!"

Erzähler: „Es war aber doch jemand zu Hause. Papa Bär öffnete die Tür, lächelte freundlich und sagte: ‚Wir essen gerade Grießbrei.'"

Zuhörer: „SWITCH!"

Erzähler: „‚Wir essen keinen Grießbrei. Wir essen Menschen! Möchtest du auch einen?' Erfüllt von Grauen, rief Goldlöckchen: ‚Nein!'"

Zuhörer: „SWITCH!"

Erzähler: „‚Oh ja, gern', antwortete Goldlöckchen.'"

Und immer so weiter.

TIPPS:

- Ihr braucht nicht nach jedem Satz ‚Switch!' rufen. Lasst dem Erzähler ruhig ein wenig Zeit für die Entwicklung seiner Geschichte. Ihr könntet auch entscheiden, dass es pro Geschichte nur drei Richtungswechsel geben darf.
- Ich habe festgestellt, dass es immer wieder Erzähler gibt, die unbeirrbar an der Originalgeschichte festhalten wollen. Tut das nicht. Wenn es wie im obigen Beispiel heißt: ‚Es war aber doch jemand zu Hause', dann kehrt nicht zum ursprünglichen Handlungsstrang zurück, indem ihr etwa sagt: ‚Doch dann gingen die Bären in den Wald.'
- Ihr müsst nicht das wortwörtliche Gegenteil in eurer Geschichte benutzen. Das Gegenteil von Grießbrei ist ... eben kein Grießbrei! Der Erzähler im Beispiel hat sich für ‚Menschen' entschieden, weil das etwas völlig anderes ist als Grießbrei. Das reicht.

39. Galgenmännchen Mastermind

SPIELER	SCHWIERIGKEIT	SPIELDAUER
2	**schwer**	**15 min pro Wort**

DARUM GEHT'S: Irgendwo zwischen Mastermind (dem Brettspiel-Klassiker) und Galgenmännchen. Leicht zu spielen, schwer zu beherrschen

BUCHSTABIEREN, STRATEGIE, WORTSCHATZ, WETTKAMPF

WAS IHR BRAUCHT:

- Stift und Papier (oder Mini-Whiteboard)

UND SO GEHT'S:

Das ist eines meiner absoluten Lieblingsspiele. Ein Spieler ist der Schiedsrichter. Er denkt sich ein geheimes Wort mit vier Buchstaben aus (keine Namen oder Abkürzungen!), das er den anderen nicht verrät. Die einzige Regel: Das Wort darf nicht zweimal den gleichen Buchstaben haben. ‚Auto' ist gut, ‚Boot' oder ‚eine' sind nicht erlaubt.

Der andere Spieler ist der Ratefuchs. Er muss jetzt sein erstes Wort aus vier Buchstaben aufschreiben und bekommt vom Schiedsrichter für jeden richtig geratenen Buchstaben einen Punkt. Um welchen Buchstaben es sich hierbei handelt und ob er an der richtigen Stelle steht, gibt der Schiedsrichter nicht preis.

Dieses Wissen kann der Ratefuchs nun in die Wahl seines nächsten Ratewortes einfließen lassen, und wieder bekommt er entsprechend Punkte. Das Ziel ist, mit so wenigen Versuchen wie möglich, das richtige Wort zu finden.

BEISPIEL:

Der Schiedsrichter hat das Wort ‚Wort' ausgewählt.

Ratefuchs	Punkte
AUTO	2
BAUM	0
BROT	3
TORE	3
WORT	Gewonnen!

TIPPS:

- Es ist hilfreich, ein Alphabet zur Hand zu haben. Markiert alle Buchstaben, von denen ihr glaubt, dass sie vorkommen oder nicht vorkommen. Macht euch Notizen.
- Wenn ihr für ein Wort 0 Punkte bekommt ist das super! Jetzt wisst ihr mit Sicherheit, welche vier Buchstaben nicht vorkommen.
- Bis ihr echte Könner seid, ändert immer nur einen Buchstaben. Wenn sich dann eure Punkte verändern, wisst ihr genau, welcher Buchstabe den Unterschied macht.
- ‚4 Punkte' heißt nicht, dass ihr gewonnen habt. Die Buchstaben müssen auch in der richtigen Reihenfolge sein.

BOSS LEVEL:

- Wenn ihr so weit seid, spielt das Spiel mit fünf Buchstaben. Das ist viel schwerer, macht aber mindestens genauso viel Spaß!

40. Lego-Challenge

SPIELER	SCHWIERIGKEIT	SPIELDAUER
2	**schwer**	**1 std (mindestens)**

DARUM GEHT'S: Ein Spiel mit den bekannten Klemmbausteinen. Erfüllt Aufgaben und probt die Kommunikation.

WORTSCHATZ, TEAMWORK, CHILLEN

WAS IHR BRAUCHT:

- Ein kleines Bausteine-Set mit Bauanleitung. (Lego ist nur eine der Marken, die es gibt).

UND SO GEHT'S:

Ich habe dieses Spiel als Lehrer unter dem ambitionierten Namen Lego-Therapie kennengelernt. Es eignet sich ganz hervorragend dazu, Kindern Kommunikation und Sozialkompetenz zu vermitteln. Ich glaube, dass es in dieser vereinfachten Form eine tolle Herausforderung für alle Altersklassen ist. Außerdem macht diese ungewohnte, unterhaltsame Art des Lego-Spiels einfach süchtig.

Ein Spieler, der Ingenieur, hält die Bauanleitung, darf aber die Steine weder anfassen noch auf sie zeigen. Der Monteur hingegen darf die Steine in die Hand nehmen und mit ihnen bauen, aber nicht in die Bauanleitung gucken. Zusammen müssen sie jetzt das Lego-Set aufbauen. Der Ingenieur muss einen Weg finden, dem Monteur genau zu vermitteln, welchen Stein er braucht und wo genau er hingehört. Das ist nicht einfach, denn es ist streng verboten, auf etwas zu zeigen oder etwas vorzumachen. Nennt die Farbe, Form, Größe und Lage der benötigten Steine. Nutzt Präpositionen wie ‚auf', ‚neben' oder ‚unter', um möglichst genaue Anweisungen zu geben.

Der Monteur muss richtig zuhören und trotzdem darauf gefasst sein, oftmals falsch zu liegen. Beide Spieler müssen viel Geduld miteinander haben. Spielt das Spiel mindestens zweimal, damit jeder beide Rollen einnehmen kann. Jede hat ganz eigene Herausforderungen.

TIPPS:

- Ein wichtiger Aspekt ist, wie ihr die unterschiedlichen Steine bezeichnet. Ihr könnt mathematisch vorgehen (‚zweireihig mit jeweils fünf Noppen' oder ‚dünnes gelbes Rechteck'), ihr könnt freestylen (‚ein flaches Stück, das aussieht wie eine Banane') oder euch auf vorherige Schritte beziehen (‚das gleiche Teil, das du für den Propeller benutzt hast, aber in Gelb'). Entwickelt euren eigenen Stil und behaltet ihn bei. Entwickelt eine gemeinsame Sprache.
- Es ist nicht erlaubt, den Monteur wie einen Greifer zu dirigieren (‚linker Arm ein bisschen runter, ein bisschen rauf, nimm den Stein, nein, nicht den - den anderen'). So geht das Spiel nicht!
- Wenn du der Ingenieur bist, erliege nicht der Versuchung, einzugreifen. Setz dich auf deine Hände und finde andere Wege, dich verständlich zu machen. Wenn dich der Monteur nicht versteht, liegt es wahrscheinlich daran, dass deine Anweisungen nicht klar genug sind, und nicht daran, dass er nicht zuhört.

LEVEL UP:

- Solltet ihr zu dritt sein, könnte einer der Spediteur sein, der die Teile heraussuchen und dem Monteur anliefern muss. Vergesst nicht, regelmäßig die Rollen zu tauschen.

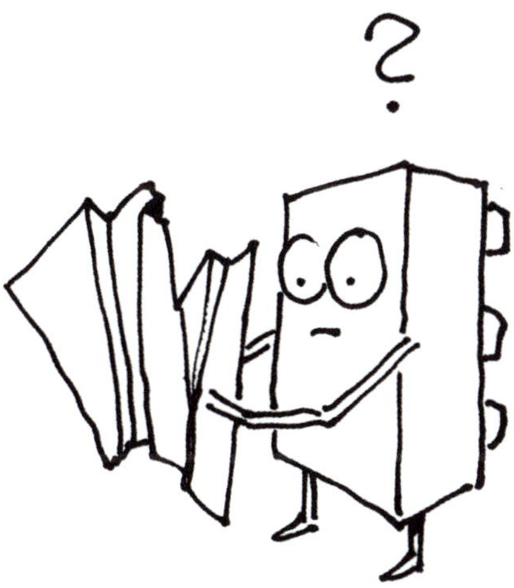

KAPITEL 5

PARTY!

Partys machen Spaß, solange es nicht eure eigene Party ist. Wenn sie bei euch stattfindet oder ihr einen Saal dafür angemietet habt, kann eine Party schnell zum Albtraum werden. Wer hat alle Cocktailwürstchen gemopst? Wer stellt immer sein Weinglas auf dem neuen Teppich ab? Wer hat dem Hund einen doppelten Gin-Tonic verabreicht? Und wer hat die Playlist von Blues auf Reggae gestellt?

Egal, ob es eine Party für Kinder oder für Erwachsene ist: Hinterher fühlt man sich, als hätte man alle Nachbarskatzen auf einmal gehütet. Man ist völlig zerkratzt und voller Haare und die Katzen haben trotzdem gemacht, was sie wollten.

Was ist die Lösung? Wie schaffst du es, dass auch du als Gastgeber deine Party auch genießen kannst?

Die Antwort findest du in diesem Kapitel. Es ist randvoll mit tollen Partyspielen für jedermann. Es gibt Spiele für alle Altersgruppen, alberne Kreisspiele und psychologische Spiele, bei denen ihr euch gegenseitig auf die Schliche kommen müsst. Sie werden euch in ihren Bann ziehen und zum Highlight jeder Party werden.

Lies dieses Kapitel vor einer Party durch, nicht währenddessen. Wähle ein Spiel aus, das zu den Gästen passt und stelle sicher, dass du die Regeln kennst und verständlich erklären kannst. Das gilt besonders für Mafia: ein absolut unglaubliches Spiel, bei dem der Spielleiter die Regeln allerdings vorher lernen und genauestens kennen muss. Die Vorbereitungszeit lohnt sich!

41. Klatsch-Klatsch-Quiek

SPIELER	SCHWIERIGKEIT	SPIELDAUER
so viele wie möglich	**leicht**	**10 min**

DARUM GEHT'S: Rhythmisches Klatschen und Tierimitationen sind die Zutaten dieses Partykrachers.

GEDÄCHTNIS, LACHEN, KREISSPIEL, RHYTHMUS

WAS IHR BRAUCHT:

- keine Hilfsmittel erforderlich

UND SO GEHT'S:

Je mehr Mitspieler, desto besser: Vier sind super, aber neun oder mehr sind noch besser.

Als Erstes sucht sich jeder Mitspieler ein Tier aus und überlegt sich eine Darstellung dieses Tieres – das kann eine typische Bewegung oder ein Geräusch sein. Wenn sich alle entschieden haben, führen sie dies der Gruppe vor. Wählt eine Darstellung, die man leicht erkennt.

Gute Beispiele sind eine Katze, die ihre Pfoten leckt, ein Adler, der mit den Flügeln schlägt oder ein Tintenfisch, der Tinte verspritzt. Jeder in der Gruppe sollte die Bewegungen oder Geräusche der anderen ausprobieren, um sich mit ihnen vertraut zu machen.

Das Spiel beginnt mit einem schönen, langsamen Klatschrhythmus. Schlagt euch auf die Knie oder klatscht leise, ohne dabei schneller zu werden (jedenfalls noch nicht). Der Rhythmus sollte der von We Will Rock You sein, nur etwas langsamer.

Klatsch – klatsch – stampf. Klatsch – klatsch – stampf

Auf ‚stampf' beginnt ein Spieler, das Tier nachzumachen, das sich ein Mitspieler ausgesucht hatte. Vielleicht hat ein Mitspieler den Löwen und sein Gebrüll gewählt. Wird der Löwe imitiert, weiß dieser Mitspieler, dass er als Nächster an der Reihe ist und das Tier eines Mitspielers nachzumachen. Beim nächsten ‚stampf' macht also der Löwe das Känguru nach. Vermutlich hüpft es und boxt. Dann macht das Känguru den Elefanten nach und spritzt Wasser aus seinem Rüssel. Jetzt ist der Elefant an der Reihe und so weiter.

Wenn ein Mitspieler seinen Einsatz verpasst oder ein Tier von jemandem nachmacht, der bereits ausgeschieden ist, ist er raus.

Auf diese Weise scheidet einer nach dem anderen aus, bis nur noch zwei Spieler übrig sind.

Ihr könnt jetzt entweder das Spiel beenden und beide zu Gewinnern erklären oder ihr lasst sie solange weiterspielen, bis einer einen Fehler macht. Da jetzt jeder nur noch das Tier des anderen nachmachen muss, ist das natürlich einfach. Klatscht und stampft den Rhythmus immer schneller und ihr werdet sehen: Es geschehen lustige Dinge.

Am besten spielt ihr mehrere Runden. Für jede Runde müsst ihr Tiere aussuchen, die noch nicht vorkamen. Es darf keine Wiederholungen geben. Eure Tierimpressionen werden immer seltsamer werden und ihr müsst aus einem ganzen Zoo von quietschenden, quiekenden Tieren auswählen. Wenn ihr an der Reihe seid, könnt ihr euch auf euer Gedächtnis verlassen und daran erinnern, wer gerade welches Tier hat?

TIPPS:

- Macht eure Tierimitationen möglichst einfach, aber mit viel Bewegung. Ein Häschen, das mit der Nase wackelt, ist vielleicht niedlich, sieht aber leicht so aus, als müsstet ihr niesen. Stattdessen könnt ihr so tun, als hüpftet ihr über ein Büschel Gras. Je kreativer, desto besser.
- Solltet ihr in der Öffentlichkeit spielen, denkt an eure Mitmenschen. Achtet darauf, sie nicht zu nerven, auch wenn ihr im Nachmachen der Tiere wirklich gut seid.

42. Zip Bong

SPIELER	SCHWIERIGKEIT	SPIELDAUER
6–15	**leicht**	**10 min pro Runde**

WETTKAMPF, RHYTHMUS, GEDÄCHTNIS, KREISSPIEL

DARUM GEHT'S: Schnelles Denken und lustige Geräusche

WAS IHR BRAUCHT:

- keine Hilfsmittel erforderlich

UND SO GEHT'S:

Setzt euch in einen Kreis und legt die Hände zusammen als würdet ihr beten. Schließt die Lippen, sodass man eure Zähne nicht sehen kann. Klingt erst mal komisch, ist aber sehr wichtig.

Ein Mitspieler (der jüngste vielleicht) beginnt. Er zeigt mit seinen gefalteten Händen auf die Person zu seiner Linken und sagt dabei ‚Zip'. Das ‚Zip' wandert jetzt im Uhrzeigersinn von einem Mitspieler zum nächsten. Jeder Mitspieler zeigt mit gefalteten Händen auf die Person auf seiner linken Seite und sagt ‚Zip'. Achtet dabei auf eure Lippen. Man darf niemals eure Zähne sehen.

Ihr dürft jederzeit die Richtung wechseln und auf die Person zu eurer Rechten zeigen. In diesem Fall aber sagt ‚Bong'. Das ‚Bong' wandert jetzt gegen den Uhrzeigersinn von Mitspieler zu Mitspieler, bis jemand wieder die Richtung ändert und ‚Zip' sagt. Dreht ihr euch nach links, sagt ‚Zip', dreht ihr euch nach rechts, sagt ‚Bong'.

Es ist sehr wichtig, dass ihr euch an diese Regeln haltet. Ihr fliegt raus, wenn

- ihr nach links zeigt, aber ‚Bong' sagt
- ihr nach rechts zeigt, aber ‚Zip' sagt
- ihr ein Geräusch (egal welches) macht, wenn ihr nicht an der Reihe seid.
- ihr *kein* Geräusch macht, wenn ihr an der Reihe seid
- man eure Zähne sieht.

Die letzte Regel klingt vielleicht seltsam, aber es gibt sie, weil es wirklich schwierig ist, ‚Zip' mit den Lippen über den Zähnen zu sagen. Das klingt dann sehr lustig, die Mitspieler lachen und schon sind sie draußen.

Sobald ein Mitspieler rausfliegt, ist der nächste in der Reihe dran. Wenn nur noch zwei Spieler übrig sind, stellen sie sich gegenüber auf und geben ihre Geräusche über links oder rechts weiter, nie geradeaus. Alle anderen passen auf, wer den entscheidenden Fehler macht, während das Spiel immer schneller wird. Oft verliert derjenige, der zuerst lachen muss. Die Person, die übrig bleibt, gewinnt und ist Zip-Bong-Champion. Aber nur bis zur nächsten Runde.

TIPP:

- Vorsicht beim ‚zzz' von ‚Zip' - es passiert schnell, dass man eure Zähne sehen kann.

LEVEL UP:

- Ihr könnt das Spiel auch so spielen, dass ihr in beiden Richtungen ‚Zip' sagt und ‚Bong' nur den Richtungswechsel markiert. Stellt nur vorher sicher, dass auch jeder weiß, welche Variante ihr spielt.

43. Peng!

SPIELER	SCHWIERIGKEIT	SPIELDAUER
8–30	**leicht**	**15 min**

DARUM GEHT'S: Ein nonverbales Kreisspiel, bei dem es um Reaktionszeit und schnelles Denken geht

WETTKAMPF, BEWEGUNG, KREISSPIEL

WAS IHR BRAUCHT:

- keine Hilfsmittel erforderlich

UND SO GEHT'S:

Stellt euch in einen Kreis und haltet eure Hände so vor euch, als würdet ihr mit beiden Händen eine Pistole halten. Aber Vorsicht, sie ist geladen!

Ein Spieler beginnt, indem er auf einen Mitspieler zielt und laut ‚Peng!' ruft. Der Spieler, auf den geschossen wurde, muss sich so schnell wie möglich ducken, während die Spieler links und rechts von ihm sich zu ihm drehen und ihre Fingerpistolen ebenfalls mit lautem ‚Peng!' abschießen.

Dabei können drei Dinge geschehen:

1. Das Ziel des ersten ‚Peng' hat nicht schnell genug reagiert und die Spieler links und rechts von ihm haben ihn getroffen, bevor er sich geduckt hat. Der Spieler ist damit eliminiert und scheidet aus.
2. Der Spieler duckt sich schnell genug um der Kugel auszuweichen. Die Spieler links und rechts von ihm haben ihn verfehlt. Derjenige dieser beiden, der zuletzt ‚Peng' gesagt hat, scheidet aus. Wenn beide gleichzeitig ‚Peng' sagen, muss der erste Schütze ein neues Ziel auswählen.
3. Einer der Spieler sagt etwas Falsches, springt hoch, statt sich zu ducken, dreht sich falsch herum oder vergisst zu reagieren, weil er gerade an Eidechsen dachte. Dieser Spieler ist damit raus. Er setzt sich hin und genießt den Rest des Spiels als Zuschauer.

Der Schütze, der erfolgreich einen Mitspieler eliminiert hat, darf sich ein neues Ziel aussuchen und schießen. Das Spiel geht weiter. Jetzt wird es langsam interessant für die verbleibenden Spieler, denn nach und nach verändern sich ihre Nachbarn und sie müssen auf eine neue Situation reagieren. **Es ist nicht erlaubt, die Person zu erschießen, die neben einem steht.** Wenn nur noch drei Spieler übrig sind, lässt sich das jedoch nicht mehr vermeiden und ist somit erlaubt. Die Regel verhindert, dass ein Spieler auf seine Nachbarn zielt, zweimal schnell hintereinander ‚Peng' ruft und so jede Runde gewinnt. Probiert es, das macht keinen Spaß. Wenn es nur noch drei Spieler gibt, wird es kompliziert, denn egal wer schießt, alle müssen reagieren.

Sobald es nur noch zwei Spieler gibt, verändert sich das Spiel:

Duell

Die verbliebenen Spieler stehen Rücken an Rücken und heben ihre Fingerpistolen. Ein bereits eliminierter Spieler beginnt Obstsorten aufzuzählen. Mit jedem Obst machen die Duellisten einen Schritt voneinander weg. Sobald der Name einer Gemüsesorte erklingt, drehen sich beide um und schießen. Wer zuerst ‚Peng' ruft, ist der Gewinner.

TIPPS:

- Es ist hilfreich, einen Schiedsrichter zu benennen: jemanden, der im Zweifelsfall entscheidet, wer zuerst geschossen hat. Wenn er nicht parteiisch ist, darf der Schiedsrichter sogar mitspielen.
- Spielt zu Anfang ein paar Proberunden, um die Regeln zu verinnerlichen.
- Wenn ihr schießt, ist es wichtig, dass eindeutig ist, auf wen ihr schießt. Zielt mit beiden Armen, nehmt Augenkontakt auf und lasst keinen Raum für Zweifel. Wenn die Person neben deinem Ziel denkt, du schössest auf sie, funktioniert das Spiel nicht.

44. Hai-Attacke

SPIELER	SCHWIERIGKEIT	SPIELDAUER
5–15	**leicht**	**10 min**

TEAMWORK, BEWEGUNG, MUSIK

DARUM GEHT'S: Ähnlich wie *Die Reise nach Jerusalem*, nur viel besser, denn ihr arbeitet zusammen. Ein Spiel nicht nur für Kindergeburtstage

WAS IHR BRAUCHT:

- Große Blätter einer alten Zeitung oder Zeitschrift (bitte vorsichtig die Heftklammern entfernen).
- Radio oder Lautsprecher, um Musik abzuspielen

UND SO GEHT'S:

Stellt euch barfuß in einem großen Raum auf. Es sollte keine scharfen Ecken oder Kanten in der Nähe geben. Für die Leitung des Spiels braucht ihr mindestens zwei Personen: eine, die die Musik startet und stoppt und eine, die die Inseln (Zeitungsblätter) entfernt. Das Beste an diesem Spiel ist, dass es kein Wettkampf ist. Stattdessen stehen der Teamgedanke und Teambuilding im Vordergrund.

Zunächst müsst ihr genügend Zeitungsblätter auf den Boden legen, dass jeder Mitspieler seine eigene Insel bekommt. Startet die Musik und die Mitspieler beginnen, sich frei im Raum zu bewegen. Macht dabei Schwimmbewegungen. Vorsicht: Sobald die Musik stoppt, kommen die Haie. Derjenige, der die Musik stoppt, ruft dann so etwas wie ‚Haie! Schnell an Land!'

Die Mitspieler haben jetzt 3 Sekunden Zeit, eine Insel zu erreichen und sich auf eines der Zeitungsblätter zu retten. Je nach Alter und Größe der Gruppe könnt ihr auch mehr oder weniger Zeit geben. Die Spieler müssen das Wasser (den Boden) vollständig verlassen. Wer den Boden berührt (und sei es nur mit der Kleidung), wird von den Haien gefressen und ist raus.

Am Anfang ist es noch einfach, aus dem Wasser zu kommen, aber jedes Mal, wenn die Musik startet und ihr im Meer schwimmen geht, kommt ein Spielleiter und nimmt eine Insel weg. Wenn die Musik wieder stoppt, müssen sich alle auf die verbleibenden Inseln retten. **Das Ziel des Spiels ist, dass alle gerettet werden.** Wenn es wirklich zur Sache geht und zum Beispiel vier Spieler auf eine Zeitungsseite müssen, könnt ihr auch einfach Stücke vom Papier abreißen und die Inseln so verkleinern. Oder ihr spielt, bis es nur noch eine Insel gibt. Mit einem Team von 15 Schwimmern könnte das aber schwierig werden. Früher oder später werden die ersten Mitspieler ins Wasser fallen.

Der Gewinner, falls ihr einen braucht, ist der Mitspieler, der als letztes übrig bleibt. Das Spiel geht allerdings solange weiter, bis auch der letzte Spieler von den Haien gefressen wurde. Es ist witzig zu sehen, wie jemand inmitten von Haien auf dem letzten Quadratzentimeter Zeitungspapier balanciert.

LEVEL UP:

- Wenn ihr wirklich den Team-Aspekt betonen wollt, dann lasst das Spiel enden, sobald der erste Mitspieler von den Haien verschlungen wurde. So müssen alle zusammenarbeiten, um so lange wie möglich zu verhindern, dass jemand gefressen wird, auch wenn sich Huckepack, enge Umarmungen und zerquetschte Zehen nicht vermeiden lassen.

45. Sardinen in der Dose

SPIELER	SCHWIERIGKEIT	SPIELDAUER
4–12	**leicht**	**15 min**

DARUM GEHT'S: Es beginnt als einfaches Versteckspiel und wird zu einer rasanten Gruppenaktion. Ein toller Spaß!

TEAMWORK, BEWEGUNG, DRINNEN

WAS IHR BRAUCHT:

- Eine Wohnung, ein Haus oder Outdoor-Areal, um euch zu verstecken.

UND SO GEHT'S:

Verstecken spielen kann jeder. Einer sucht, alle anderen verstecken sich. Wenn man dich findet, musst du mitsuchen, bis alle gefunden sind. Das Nervige daran ist, dass das ewig dauern kann, wenn du ein gutes Versteck gefunden hast!. In der Grundschule habe ich mich einmal so gut versteckt, dass meine Freunde irgendwann angefangen haben, etwas anderes zu spielen. Einer der schlimmsten Tage meines Lebens.

Sardinen in der Dose kennt diese Probleme nicht: Ein Spieler versteckt sich. Sagen wir, er bekommt drei Minuten Zeit dafür. Dann schwärmen alle anderen aus, ihn zu suchen. Ihr müsst getrennt suchen, es darf keine Teams geben. Warum also nicht in Abständen von 30 Sekunden ausschwärmen?

Der besondere Kniff: Wer das Versteck findet, muss sich ebenfalls dort verstecken. Je mehr Spieler das Versteck finden, um so schwieriger wird es, sich dort zu verstecken. Aber gerade das macht den Spaß aus. Während ihr euch alle wie die Sardinen in eine Duschkabine quetscht, versucht, dabei ganz leise zu sein und passt auf, dass niemand aus Versehen das Wasser anstellt.

Wenn alle das Versteck gefunden und sich hineingezwängt haben (was nicht lange dauern wird, sobald ihr anfangt euch zu stapeln), fangt eine neue Runde an.

TIPPS:

- Zählt die Spieler, bevor ihr anfangt. Ihr wollt euch doch nicht stundenlang unter einer Decke verstecken, nur um dann festzustellen, dass niemand mehr übrig ist, um euch zu suchen!
- Wenn das Haus zu klein ist, spielt woanders. Der Stadtpark und andere Grünanlagen eignen sich vorzüglich - vorausgesetzt, alle wissen, wo das Suchgebiet endet.

46. Wer ist der Boss?

SPIELER	SCHWIERIGKEIT	SPIELDAUER
5–20	**leicht**	**5 min pro Runde**

DARUM GEHT'S: Ein einfaches Bewegungsspiel, bei dem einer herausfinden muss, wer die Bewegungen vorgibt

TEAMWORK, BEWEGUNG, KREISSPIEL

WAS IHR BRAUCHT:

- keine Hilfsmittel erforderlich

UND SO GEHT'S:

Stellt oder setzt euch in einen Kreis, je nachdem, wie aktiv ihr das Spiel gestalten wollt. Einer verlässt den Raum, während die anderen den Vorturner bestimmen. In jeder Runde gibt es einen neuen Vorturner, es ist also egal, wer anfängt. Wenn der Mitspieler wieder reinkommt, fangen alle an, eine bestimmte Bewegung zu wiederholen, zum Beispiel auf die Schenkel klopfen oder mit den Fingern schnippen. Der Vorturner ändert jetzt in kurzen Abständen, etwa alle zehn Sekunden, die Bewegung und alle anderen müssen es ihm sofort nachmachen. Am Anfang können die Bewegungsänderungen klein und subtil sein, aus einem Reiben des Armes könnte beispielsweise ein Reiben der Schulter werden.

Der Ratende muss herausfinden, wer der Vorturner ist. Er darf dabei im Kreis oder außerhalb stehen oder umhergehen. Er muss beobachten, wer als Erster die Bewegung ändert oder wer mit wem Augenkontakt hat. Die Mitspieler im Kreis müssen natürlich immer darauf achten, welche Bewegungsänderungen der Vorturner vorgibt, und diese so schnell wie möglich umsetzen.

Wenn der Ratende glaubt zu wissen, wer der Vorturner ist, sagt er den Namen laut und deutlich. Hat er richtig geraten, stellt er sich zu den anderen in den Kreis und ein anderer Mitspieler verlässt den Raum. War der Name falsch, sollte der Vorturner auffälligere Bewegungsänderungen machen. Wenn der Ratende dreimal falsch gelegen hat, könnte der Vorturner etwas ganz Offensichtliches tun, wie beispielsweise vom Streicheln des Bauches direkt zum Klatschen übergehen. Der plötzliche Wechsel und das neue Geräusch könnten dem Ratenden helfen.

TIPPS:

- Wenn du der Vorturner bist, gestalte deine Bewegungen möglichst abwechslungsreich. Welche Abläufe kannst du mit deinen einzelnen Körperteilen machen? Drehen, beugen, dehnen, schnipsen, schütteln - und das ist erst der Anfang.
  Aber ganz egal, welche Bewegung du machst: Pass auf, dass du nicht entdeckt wirst.
- Eines ist klar: wenn alle den Vorturner anstarren und darauf warten, dass die nächste Änderung kommt, ist es ziemlich einfach herauszufinden, wer der Vorturner ist. Beobachtet ihn heimlich und unauffällig, damit ihr ihn nicht verratet.

47. Fritz Forelle

SPIELER	SCHWIERIGKEIT	SPIELDAUER
5–15	**mittel**	**20 min**

DARUM GEHT'S: Gebt euch einen lustigen Namen, ratet, wer wer ist und hofft, nicht erkannt zu werden.

WETTKAMPF, GEDÄCHTNIS, KREISSPIEL

WAS IHR BRAUCHT:

- Notizzettel in derselben Größe
- Stift und Papier für jeden Spieler

UND SO GEHT'S:

Setzt euch in einen Kreis und ernennt einen Ansager. Wählt jede neue Runde einen neuen Ansager.

VORBEREITUNGEN:

Der Ansager verteilt die Zettel und alle Mitspieler denken sich einen lustigen Namen aus. Ihr dürft aufschreiben, was ihr wollt, aber man muss es gut lesen und sich merken können.

‚Norbert Nase' oder ‚Fritz Forelle' sind super, ‚Mxtflsd' ist hingegen unmöglich auszusprechen. ‚Adrian Philip Harrods McCartney der Fünfzehnte von Französisch-Polynesien' ist zu lang, um es sich zu merken. (Trotzdem natürlich ein toller Name, falls du so heißt.)

Der Ansager nimmt nicht an dieser Runde teil und schreibt auch keinen Namen auf. Wenn ihr eure Namen aufgeschrieben habt, sammelt der Ansager die Zettel ein.

Der Ansager prüft, ob man alle vorlesen und aussprechen kann. Falls nicht, muss der Mitspieler einen neuen Namen finden. Dann mischt er die Zettel gemischt und liest jeden Namen **zweimal** vor. Achtet darauf, dass niemand mitlesen und die Handschrift erkennen kann. Hört gut zu, denn die Namen werden danach nicht mehr vorgelesen.

Sollte der Ansager deinen Namen falsch vorlesen, musst du **den vorgelesenen Namen akzeptieren**. Wahrscheinlich lag es an deiner Schrift!

DAS EIGENTLICHE SPIEL:

Der Spieler zur Linken des Ansagers, Spieler 1, darf die erste Frage stellen. Er fragt einen beliebigen Mitspieler (außer den Ansager natürlich): ‚Spieler 2, bist du _____?' und nennt einen der vorgelesenen Namen.

Spieler 2 muss antworten. Wenn Spieler 1 richtig geraten hat, sagt Spieler 2 ‚Ja' und ist raus. Spieler 1 ist noch mal an der Reihe. Wenn er falsch rät oder den Namen **völlig falsch** ausspricht, sagt Spieler 2 ‚Nein' und ist selbst an der Reihe. (Der Name von Spieler 2 lautet ‚Fritz Forelle'. ‚Fritz Koralle' oder ‚Fritz Flunder' sind falsch. Einen kleinen Fehler in der Aussprache kann man aber ruhig ignorieren und den Versuch gelten lassen). Die Person, deren Name bis zuletzt nicht erraten wurde, gewinnt und darf ihren Namen feierlich verraten. Der Gewinner wird der Ansager der nächsten Runde.

TIPPS:

- Oft gibt es ein oder zwei Namen, an die sich niemand erinnert. Wenn das dein Name ist, halte ihn solange wie möglich geheim. Du könntest ihn beim Raten auch selbst verwenden, aber in leicht abgewandelter Form, damit sich bei den anderen ein falscher Name einprägt. Manche finden jedoch, das sei geschummelt und damit unfair. Entscheidet selbst.
- Das Schwierigste ist, sich die Namen zu merken. Ich behelfe mir, indem ich die Namen visualisiere, in Gedanken durch mein Elternhaus gehe und die verschiedenen Dinge, die die einzelnen Namen darstellen, in unterschiedliche Räume stelle.

48. Die verschlossene Kiste

SPIELER	SCHWIERIGKEIT	SPIELDAUER
2+	**mittel**	**15 min pro Runde**

STRATEGIE, BUCHSTABIEREN, RÄTSEL, KREISSPIEL

DARUM GEHT'S: Ein Ratespiel, bei dem ihr herausfinden müsst, welche Dinge in die unsichtbare Kiste passen

WAS IHR BRAUCHT:

- keine Hilfsmittel erforderlich

UND SO GEHT'S:

Ein Spieler hat eine imaginäre verschlossene Kiste auf dem Schoß. Nur er kann hineinschauen, für alle anderen ist sie völlig unsichtbar.

In dieser Kiste befinden sich alle möglichen Dinge, aber alle haben etwas gemeinsam. Der Spieler mit der Kiste muss vor Beginn der Runde festlegen, welches dieses verbindende Element sein soll, darf es aber nicht verraten. Eine solche Gemeinsamkeit könnte sein:

- eine Eigenschaft (alles in der Natur zu finden, alles Lebensmittel, dieselbe Farbe, dasselbe Material ...)
- derselbe Anfangsbuchstabe
- dieselbe Anzahl von Buchstaben
- sich reimen
- doppelte Buchstaben
- klein genug, um in die Kiste zu passen
- sich außerhalb dieses Raumes befinden
- mehr als 1.000 € kosten

Die Gemeinsamkeit kann völlig frei gewählt werden. Seid kreativ, es muss nicht immer um die Sache selbst gehen, es können auch die Buchstaben sein, der Klang oder was euch sonst einfällt.

Der Spieler mit der Kiste schaut hinein und nennt eine Sache, die sich in der Kiste befindet. Die anderen Spieler machen nun der Reihe nach Vorschläge, was sonst noch zu den Dingen in der Kiste passen könnte. Wenn eine vorgeschlagene Sache das gesuchte Merkmal hat, sagt der Spieler mit der Kiste ‚Ja' und legt das Objekt in die Kiste. Passt es nicht dazu, sagt er ‚Nein'.

Wenn alle Mitspieler einen Vorschlag gemacht haben, gibt der Spieler mit der Kiste eine weitere Sache aus der Kiste bekannt. Um herauszufinden, was alle Teile gemeinsam haben, müsst ihr euch alles merken, was in die Kiste passt.

Der spaßigste Teil: Wenn ihr herausgefunden habt, was die Gemeinsamkeit ist, verratet nichts! Nennt einfach weitere Dinge, die in die Kiste passen. Das macht es einfacher für alle anderen, weil sie mehr Beispiele bekommen. Sobald alle herausgefunden haben, was für Objekte in die Kiste passen, könnt ihr das verbindende Merkmal enthüllen oder einfach eine neue Runde starten. Achtet darauf, dass reihum jeder einmal die Kiste halten und ein Merkmal bestimmen darf.

LEVEL UP:

- Es gibt keine Grenzen, ihr könnt wirklich jedes Merkmal auswählen. Versucht, Gemeinsamkeiten mit den Namen der Mitspieler herzustellen oder mit der Art und Weise, wie sie sitzen oder sich bewegen. Fangt einfach an und sucht dann immer kompliziertere Merkmale.
- Benutzt ein Merkmal immer nur einmal. Die Mitspieler werden das sonst schnell durchschauen.

49. Mafia

SPIELER	SCHWIERIGKEIT	SPIELDAUER
6–20	**mittel**	**30 min**

DARUM GEHT'S: Findet die Gangster, bevor sie euch erwischen!

WETTKAMPF, KOMMUNIKATION, KREISSPIEL, STRATEGIE

WAS IHR BRAUCHT:

- keine Hilfsmittel erforderlich

UND SO GEHT'S:

Dieses Spiel ist super! Sobald ihr eine größere Gruppe seid, setzt euch in einen Kreis und spielt! Für Kindergeburtstage ist es wahrscheinlich nicht geeignet, auch wenn ich es schon mit ganzen Klassen von Zehn- und Elfjährigen gespielt habe. (Lasst euch sagen: man kann es auch mit 30 Spielern spielen, das ist aber nicht zu empfehlen).

Einer ist der Spielleiter. Dieser Spieler muss die Regeln kennen und selbstbewusst genug sein, die Gruppe herumzukommandieren. (Ich liebe es, der Spielleiter zu sein! Macht richtig Spaß.)

Als Erstes informiert der Spielleiter die Dorfbewohner, dass es zwei Mafiosi unter ihnen gibt. Ziel des Spiels ist, sie zu finden und aus dem Dorf zu vertreiben. Das Ziel der Mafiosi hingegen ist, alle Dorfbewohner zu töten, damit zum Ende nur noch sie beide übrig sind.

Am Anfang einer Runde machen alle die Augen zu und gehen ‚schlafen'. Legt den Kopf auf die Knie, damit auch wirklich niemand guckt. Der Spielleiter wandert derweil durch den Kreis und tippt zwei Spieler an. Das sind die Mafiosi. So leise wie möglich müssen beide jetzt schauen, wer der andere Mafioso ist und dann wieder einschlafen. Für die gesamte Dauer des Spiels müssen sie ihre Identität geheim halten und vorgeben, auch Dorfbewohner zu sein.

Das Spiel wechselt immer zwischen zwei Phasen:

TAG:

Jeden Tag versammeln sich die Dorfbewohner (und die Mafiosi, die vorgeben, Dorfbewohner zu sein), um herauszufinden, wer die Mafiosi sind. Der Spielleiter kann der Gruppe Fragen vorgeben oder es der Gruppe überlassen, wie sie vorgeht.

Hier sind einige Fragen, mit denen der Spielleiter der Gruppe auf die Sprünge helfen kann:

- Wem in der Gruppe könnt ihr vertrauen?
- Wer hatte ein Interesse am Tod der zuletzt ermordeten Person?
- Woher wissen wir, dass du ein Dorfbewohner bist?
- Wen hast du in Verdacht, ein Mafioso zu sein?

Es ist immer gut, der Dynamik der Gruppe zu folgen. Wenn Dorfbewohner 1 Dorfbewohner 2 beschuldigt, dann fordert Dorfbewohner 1 auf, seine Gründe dafür zu erklären, und gebt Dorfbewohner 2 Gelegenheit, sich zu verteidigen. Dann fragt, wen Dorfbewohner 2 seinerseits verdächtigt. Nach 3–5 Minuten geht die Sonne unter und es wird Zeit, einen Mitspieler aus dem Dorf zu vertreiben. Jeder noch lebende Dorfbewohner (inklusive der Mafiosi) stimmt darüber ab, wer verdächtig erscheint und verbannt werden soll. Bevor diese Person ausgeschlossen und zum Zuschauer wird, muss sie sagen, ob sie Dorfbewohner oder Mafioso war.

NACHT:

Alle Mitspieler schließen ihre Augen. Sobald der Spielleiter sicher ist, dass niemand mehr guckt, gibt er ein Zeichen, dass die Mafiosi ihre Augen öffnen dürfen. In aller Stille verständigen sie sich und teilen dem Spielleiter mit, wem sie den Garaus machen. Dann gehen sie wieder schlafen. Der Spielleiter weckt alle und verkündet, wer ermordet wurde. Diese Person ist ab jetzt nur noch Zuschauer. Ihr könnt den Mord mit all seinen grausamen Details ausschmücken, aber das ist optional. Für die Dorfbewohner, die übrig sind, beginnt ein neuer Tag. Genau wie am Vortag müssen sie herausfinden, wer die Übeltäter sind und wen sie aus dem Dorf vertreiben wollen. Je weniger Dorfbewohner übrig bleiben, desto spannender wird es.

ENDE DES SPIELS:

Es gibt zwei mögliche Ausgänge des Spiels:

- Die Dorfbewohner haben es geschafft, beide Mafiosi aus dem Dorf zu vertreiben. Das sollte Grund zu ausgelassenem Jubel sein.

- Es ist nur noch ein Dorfbewohner übrig. Der weiß jetzt natürlich genau, wer die Mafiosi sind. (Ich erkläre nicht warum, aber denkt mal darüber nach). Das Spiel ist eigentlich vorbei. Wenn es zwei Mafiosi und einen Dorfbewohner gibt, haben die Mafiosi gewonnen. Gibt es einen Mafioso und einen Dorfbewohner, könnte es ein Duell geben (siehe das Duell im Spiel ***Peng*** auf Seite 108).

LEVEL UP:

- Wenn ihr erst einmal mit dem Spiel vertraut seid, könnt ihr das Spiel abwandeln und neue Elemente hinzufügen. Das macht es zwar immer komplizierter, aber so wird es nie langweilig.
- Versucht folgendes:

1. Detektiv: Der Spielleiter ernennt einen Detektiv. Der Detektiv ist definitiv unschuldig und kann zwar ermordet, aber nicht vertrieben werden.

2. Bürgermeister: Ein Dorfbewohner, der am Ende jeden Tages eine zusätzliche Person aus der Stadt verbannen kann. (Ihr könnt den Bürgermeister auch am Anfang wählen, aber seid vorsichtig: Was ist, wenn ihr einen der Mafiosi ernennt?)

3. Doktor: Ein Dorfbewohner, der jeden Abend eine Person bestimmt, die nicht ermordet werden darf.

4. Duell: Spieler können ihre Mitspieler jederzeit zum Duell fordern. Wenn der Mitspieler akzeptiert, duellieren die beiden sich nach den Duell-Regeln des Spiels ***Peng!*** (siehe Seite 108). Wer zuletzt ‚Peng!' ruft, verliert. Seine letzten Worte werden sein, was er war: Mafioso oder Dorfbewohner.

- Je nach Spielerzahl könnt ihr die Anzahl der Mafiosi anpassen. Seid ihr vier Dorfbewohner, reicht ein Mafioso. Bei 30 Dorfbewohnern sind drei besser.

- Wenn es sehr viele Dorfbewohner gibt, könntet ihr in der Nacht auch mehr Morde geschehen lassen. Damit das Spiel schneller wird, könnte auch jeder einzelne Mafioso einen Dorfbewohner pro Nacht ermorden.

TIPPS:

- Bei diesem Spiel ist es leicht zu schummeln. Wenn ein Spieler seine Augen nachts heimlich öffnet, sieht er, wer die Mafiosi sind. Der Spielleiter sollte allen klar machen, dass Betrüger sofort eliminiert werden. Habt ein Auge auf Mitspieler, die zu viel wissen!
- Wenn Spieler verbannt oder ermordet werden, müssen sie sich absolut ruhig verhalten. Es ist verlockend, sich auch dann noch aktiv zu beteiligen. Der Spielleiter muss gut aufpassen, dass alle Spieler, die raus sind, nur noch zuschauen.
- Wenn du der Spielleiter bist, dann überleg dir gut, was du sagst. Es ist nicht einfach, aber du musst die Mafiosi so behandeln, als wären sie Dorfbewohner. Ich habe nur zweimal aus Versehen einen Mafioso verraten, aber das geht nie gut aus. Beide Male hat es das Spiel ruiniert.

50. Klopf-Klatsch-Schnips-Schnips

SPIELER	SCHWIERIGKEIT	SPIELDAUER
3–15	**mittel**	**10 min pro Runde**

WETTKAMPF, RHYTHMUS, GEDÄCHTNIS, KREISSPIEL

DARUM GEHT'S: Reihum unter Zeitdruck Begriffe nennen und dabei klopfen, klatschen und schnipsen.

WAS IHR BRAUCHT:

- keine Hilfsmittel erforderlich

UND SO GEHT'S:

Setzt euch in einen Kreis und einigt euch auf ein Themengebiet. Es sollte ein leichtes und allgemeines Thema wie ‚Länder', ‚Filme' oder ‚Obst und Gemüse' sein. Das Spiel ist auch ohne komplizierte Kategorien schon schwer genug. Wenn ihr die Herausforderung liebt oder echte Superhirne seid, dann könnt ihr auch etwas Ambitionierteres wählen, z. B. ‚Arten der Zubereitung von Eiern' oder ‚Adverbien'. Falls euch nichts einfällt, holt euch auf den Seiten 267–268 Anregungen.

Das Spiel hat einen Rhythmus, der unbedingt eingehalten werden muss. Übt das als Erstes:

Klopf – klatsch – schnips – schnips – eins – zwei – drei – vier

Die ersten vier Taktschläge sind mit einer Aktion verbunden: Klopft auf den Tisch oder eure Schenkel, klatscht in die Hände, schnipst erst mit der linken Hand, dann mit der rechten. Die nächsten vier Schläge zählt ihr nur für euch im Kopf. Übt, diese vier Schläge nur in Gedanken zu zählen und trotzdem alle gleichzeitig wieder auf ‚Klopf' zu starten.

Jetzt kommen die Kategorien ins Spiel. Der Reihe nach nennt jeder Spieler während der stillen Zählphase einen Begriff aus dem gewählten Themengebiet. Jeder Spieler hat also vier Sekunden Zeit für eine Antwort, bei der nächsten Zählphase ist der Nächste an der Reihe.

Am Anfang fühlen sich vier Sekunden wie eine Ewigkeit an, aber nach einer Weile wird es kompliziert. Egal wie schnell oder langsam ihr antwortet, alle zählen still für sich bis vier und fangen gemeinsam wieder mit ‚Klopf' an. Der Rhythmus muss weitergehen, egal, was passiert. Wenn du nicht rechtzeitig antwortest, bist du raus, aber der Rhythmus geht weiter und die nächste Person ist dran. Achtet sehr darauf – es sei denn, es macht euch nichts aus, wenn das Spiel jedes Mal stoppt, wenn jemand einen Fehler macht. Wer rausfliegt, sollte sich zurückziehen und die anderen weiterspielen lassen. In der nächsten Runde sind alle wieder dabei.

TIPP:

- Die Versuchung ist groß, zu früh schneller zu werden oder nicht ganz bis vier zu zählen, sondern sofort zu klopfen, sobald der Mitspieler seinen Begriff genannt hat. Vermeidet diesen Fehler! Behaltet den Rhythmus bei. Sobald die Antworten schwieriger werden, ist der Rhythmus eine praktische Art, ein Zeitlimit zu setzen.

LEVEL UP:

- Wenn ihr den *Cup Song* aus dem Film *Pitch Perfect* kennt, dann wisst ihr, wohin euch dieses Spiel führen kann. Sucht das Lied und lernt, den Rhythmus mit Bechern zu klopfen (einer meiner besten Party-Tricks). Sagt euren Begriff auf den letzten Becherschlag.

KAPITEL 6

LAGERKOLLER

Ein langer Sonntagnachmittag Anfang Februar. Regentropfen laufen die Fensterscheiben hinunter und du würdest das Haus noch nicht mal verlassen, wenn es brennen würde. Euch fällt die Decke auf den Kopf und ihr seid so gelangweilt, dass sogar das Wort ‚Langeweile' langweilig ist. Die Kinder gehen die Wände rauf (im übertragenen Sinne). Nein, warte, sie tun es wirklich! Euer Jüngster hängt in den Vorhängen.

Ihr braucht etwas, das verhindert, dass das Wochenende in Kopfschmerzen, Geschrei und Fressattacken aus Frust endet. Ratet, was ich in diesem Kapitel für euch habe!

Ich habe diese Spiele speziell für verregnete Wochenenden zusammengestellt. Einige Spiele nutzen eure Wohnung als Inspirationsquelle. Statt das Haus zu verlassen, werdet ihr sie völlig neu kennenlernen. Andere Spiele sind so kreativ und fordernd, dass ihr die Zeit und sogar Sabine (oder wie auch immer der Orkan da draußen gerade heißt) völlig vergesst.

Das Einzige, was euch jetzt noch fehlt, ist ein Blatt Papier (in einem Fall auch einmal ein Kochtopf) und ihr könnt einen vergnüglichen Tag miteinander verbringen, auch wenn ihr in der Wohnung festsitzt.

51. Spürhund

SPIELER	SCHWIERIGKEIT	SPIELDAUER
2+	**leicht**	**5 min pro Runde**

MALEN, GEDÄCHTNIS, DRINNEN, BEWEGUNG

DARUM GEHT'S: Ein Spieler zeichnet ein Objekt, das sich in der Nähe befindet. Die anderen müssen es suchen.

WAS IHR BRAUCHT:

- Einen Notizblock (ihr werdet im ganzen Haus zeichnen, nicht immer am Tisch)
- Ein Spielareal, in dem ihr niemanden stört oder fremdes Eigentum durcheinander bringt

UND SO GEHT'S:

Das Spiel beginnt damit, dass alle Spieler das Areal erkunden und sich merken, wo alles steht. Die Spieler einigen sich auf ein Areal als Spielfeld, zum Beispiel nur innerhalb des Hauses, nicht im Garten.

Ein Spieler ist der Zeichner und zeichnet etwas, das jeder ohne Probleme sehen kann (nichts, was in Kisten oder hinter Türen versteckt ist) auf ein Blatt Papier. Die anderen Spieler sind die Spürhunde. Schon während der Zeichner zeichnet, dürfen sie loslaufen, um das gesuchte Objekt zu finden. Wenn sie glauben, es gefunden zu haben, bellen sie laut und legen den Finger oder die Hand auf das Objekt.

Alle kommen zusammen und prüfen, ob es sich um den gesuchten Gegenstand handelt. Lag der Spürhund richtig, gewinnt er die Runde und ist an der Reihe zu zeichnen. Falls nicht, zeichnet der Zeichner weiter, bis die Suche erfolgreich ist.

Die Spürhunde dürfen erst bellen oder jaulen, wenn sie ihre Pfote auf dem Objekt haben. Wer einfach so bellt, verwirrt die anderen und muss zu Strafe bis zum Ende der Runde in die Hundehütte und aussetzen. Wenn zwei Spürhunde gleichzeitig bellen, kann der Zeichner auflösen und sagen, welcher Hund das gesuchte Objekt gefunden hat.

Wenn zwei Hunde den gesuchten Gegenstand gleichzeitig finden, endet die Runde mit einem Unentschieden und sie einigen sich untereinander, wer als Nächster zeichnen darf.

52. Satz ohne Ende

SPIELER	SCHWIERIGKEIT	SPIELDAUER
2	**leicht**	**15 min**

DARUM GEHT'S: Ein Spieler erzählt eine Geschichte und der andere passt auf, dass der Satz niemals endet.

GRAMMATIK, KREATIVITÄT, STORYTELLING, TEAMWORK

WAS IHR BRAUCHT:

- keine Hilfsmittel erforderlich

UND SO GEHT'S:

Als Erstes müsst ihr wissen, was Konjunktionen sind. Konjunktionen werden auch Bindewörter genannt und sind laut einem meiner Schüler der Kleber, der zwei Teilsätze verbindet. (Teilsätze sind eine Folge von Wörtern, die gemeinsam schon einen Sinn ergeben).

Zum Beispiel: ‚Der Hund hat den Postboten gebissen, **denn** er sah so lecker aus.' Ohne Konjunktion könnt ihr keine abhängigen Nebensätze verbinden. Das wäre sehr langweilig. Unten findet ihr eine Liste mit Konjunktionen. Wenn ihr dieses Spiel spielt, müsst ihr eventuell diese Seite aufgeschlagen lassen. Wenn ihr die Seite nicht offenhalten könnt, legt die Wörter aus der Liste mit den Buchstaben aus eurer Buchstabensuppe auf den Tisch oder tätowiert sie eurer Großmutter auf dem Arm. (Das war natürlich ein Scherz, tut das nicht. Außer sie ist für so etwas zu haben.)

Konjunktionen:
aber
allerdings
als
also
andererseits
anschließend
ansonsten
außer
außerdem
bevor
bis
bloß
da
dabei
dadurch
dafür
dagegen
damit
danach
dann
darauf
darum
dass
davor
denn
deshalb
ebenso
falls
folglich
genauso
immerhin
indem
jedoch
nachdem
obwohl
oder
schließlich
seit
sobald
sodass
später
trotzdem
und
während
weil

Der Erzähler beginnt das Spiel mit einem einfachen Satz. Ihr könnt einen der Sätze von meiner Liste auf Seite 260 nehmen oder selbst kreativ werden. Einzige Bedingung: Es muss ein vollständiger Satz sein, nicht bloß eine Phrase. ‚Es war einmal' reicht nicht, denn ‚Es war einmal und ...' ergibt keinen Sinn.

Der andere Spieler ist der ‚Konjunktionist' und für die Konjunktionen zuständig. Er gibt dem Erzähler eine Konjunktion vor, die dieser dann in seiner Geschichte benutzen muss. Der Kniff ist, dass das am Ende eines jeden Teilsatzes geschieht und der ganze Satz so immer länger wird und nicht endet. Es ist erstaunlich, wie lang eine Geschichte sein kann, die nur aus einem Satz besteht. Wenn die Geschichte auserzählt ist, könnt ihr aufhören, dem Erzähler weitere Konjunktionen zuzurufen und die Rollen tauschen.

Jetzt ist der andere Spieler an der Reihe, den endlosen Satz zu bilden.

BEISPIEL:

Erzähler: „Timmy, der Seehund ging schwimmen ..."

Konjunktionist: „nachdem ..."

Erzähler: „er gefressen hatte ..."

Konjunktionist: „denn ..."

Erzähler: „er fühlte sich fett und schwabbelig ..."

Konjunktionist: „also ..."

Erzähler: „schwamm er hinaus aufs Meer ..."

Konjunktionist: „sodass ..."

Erzähler: „er die Bekanntschaft eines Wales machte ..."

Und so weiter.

TIPPS:

- Wenn du der Konjunktionist bist, höre genau zu und sei genauso bei der Sache wie der Erzähler. Nicht alle Konjunktionen funktionieren mit jedem Satz. Wenn ich sage: ‚Eines Tages kletterte ich auf einen Berg ...' und du ergänzt ‚falls', dann bin ich aufgeschmissen.
- Ihr könnt versuche, alle Konjunktionen auf der Liste zu benutzen, oder ein und dieselbe immer wiederholen. Versucht beides.

53. Topf-Trommeln

SPIELER	SCHWIERIGKEIT	SPIELDAUER
2+	**leicht**	**5 min**

DARUM GEHT'S: Euer Trommeln weist den Weg ...

BEWEGUNG, RÄTSEL, RHYTHMUS, DRINNEN

WAS IHR BRAUCHT:

- Etwas zum Trommeln - Tambourine, Holzlöffel, Töpfe. Oder ihr benutzt eure Stimme.

UND SO GEHT'S:

Ein Spieler ist der Jäger und verlässt den Raum. Die anderen Spieler einigen sich auf etwas, das der Jäger finden muss. Das Objekt kann im Zimmer oder irgendwo im Haus sein. Der Jäger kommt zurück und alle Mitspieler beginnen, langsam und gleichmäßig auf ihren Töpfen zu trommeln. Wenn ihr nichts dahabt, auf dem ihr trommeln könnt, summt einfach. Fangt mit einem tiefen Brummen an.

Je näher der Jäger dem Objekt kommt, desto schneller trommelt (oder desto höher summt) ihr. Wenn der Jäger sich entfernt, werdet wieder langsamer. Der Jäger soll das gesuchte Objekt durch reines Zuhören finden. Passt auf, dass eure Blicke nichts verraten. Sobald der Jäger das Objekt berührt, hat er gewonnen. Jetzt ist der Nächste an der Reihe.

LEVEL UP:

- Statt auf ein Objekt könnt ihr den Jäger auch darauf ansetzen, eine bestimmten Aktion oder Bewegung herauszufinden, auch die ihr euch zuvor geeinigt habt. Je mehr sich der Jäger der gesuchten Bewegung nähert, desto schneller trommelt ihr. Wenn es zum Beispiel darum geht, wie ein Hund auf allen Vieren zu laufen, trommelt schneller, wenn er sich nach vorne beugt, und noch schneller wenn er kniet, und so weiter.

54. Lustige Wort-Schneebälle

SPIELER	SCHWIERIGKEIT	SPIELDAUER
2+	**leicht**	**15 min**

BEWEGUNG, DRINNEN, LACHEN

DARUM GEHT'S: Baut Schneebälle aus Wörtern, die eure Gegenspieler zum Lachen bringen.

WAS IHR BRAUCHT:

- Die Erlaubnis, Papierkugeln herumzuwerfen. Stellt sicher, dass nichts kaputt gehen kann.
- Stifte und Schmierpapier (nehmt nicht das gute Papier, ihr werdet viel davon brauchen)

UND SO GEHT'S:

Zuerst müsst ihr lustige Schneebälle machen. Dafür schreibt ihr einen kurzen Satz oder nur ein Wort auf ein Papier und knüllt dies zusammen. Es müssen keine echten Wörter sein – denkt euch etwas aus, was die anderen zum Lachen bringt. Fangt mit drei Schneebällen pro Person an. Sobald ihr bereit seid, beginnt die Schneeballschlacht.

Zählt zusammen von zehn bis eins, damit jeder seine Position einnehmen kann, und dann legt los! Sobald jemand getroffen wurde, rufen alle, die es gesehen haben ‚FEUERPAUSE!' und die Runde endet. (Einen Schneeball aufheben zählt nicht als ‚getroffen').

Der Spieler, der getroffen wurde, muss aufstehen und den Schneeball aufheben, welcher ihn getroffen hat, entfalten und dann laut vorlesen, was darauf steht, jedoch ohne zu lachen. Wenn ihr gemein seid, könnt ihr sogar das Lächeln verbieten. Wenn der getroffene Spieler lacht (oder lächelt), bekommt die Person, die das Wort geschrieben hat, einen Punkt. Muss der getroffene Spieler nicht lachen, bekommt er einen Punkt. Wer von einem Schneeball getroffen wird, den er selbst geschrieben hat, liest nicht vor, sondern greift nach dem nächsten erreichbaren Schneeball und liest diesen vor.

Bereits vorgelesene Wort-Schneebälle kommen ins Altpapier. Nach dem Countdown beginnt das Spiel von neuem. Gehen euch die Schneebälle aus, dann macht neue. Das Spiel endet, wenn es draußen wirklich anfängt zu schneien und ihr eine echte Schneeballschlacht machen könnt.

TIPPS:

- Denkt an Wörter oder Sätze, die die anderen zum Lachen bringen, wenn sie sie laut aussprechen müssen. Es gibt viele Witze, die nur lustig sind, wenn man sie richtig erzählt, aber jemanden beim Vorlesen zum Lachen bringen, ist etwas anderes.
- Es gibt keine Regel, was die anderen Spieler tun müssen, während die Inschrift des Schneeballs vorgelesen wird, aber ein gespanntes Schweigen ist oftmals die beste Atmosphäre, um jemanden zum Lachen zu bringen. Wenn man sich allzu sehr bemüht, kann es passieren, dass man das Gegenteil erreicht.

55. Der Boden ist Lava

SPIELER	SCHWIERIGKEIT	SPIELDAUER
2+	**leicht**	**unendlich**

DARUM GEHT'S: Ein Bewegungsspiel für zu Hause. Nicht in der Nähe zerbrechlicher Dinge spielen!

BEWEGUNG, DRINNEN, LACHEN

WAS IHR BRAUCHT:

- Die Erlaubnis, über Tische und Bänke zu klettern

UND SO GEHT'S:

Dieses Spiel läuft im Hintergrund und funktioniert am Besten spontan und wie zufällig. Eine Person ruft einfach ‚Der Boden ist Lava!' und zählt von fünf runter. Bei ‚null' müssen alle den Boden verlassen haben. Worauf oder auf wen sie klettern, ist egal, aber wenn sie noch den Boden berühren, ganz gleich womit, verwandeln sie sich zu Asche.

LEVEL UP:

- Vielleicht hattet ihr jetzt schon genug Spaß oder jemand hat eine Vase zerbrochen (oder seinen Knöchel) und ihr fragt euch, wann ihr zurück auf den Boden dürft. Das Spiel kann noch weitergehen, indem ihr euch gegenseitig herausfordert, bestimmte Orte im Raum zu erreichen, ohne den Boden zu berühren. Beobachtet, wie jeder Spieler kreative Wege findet, die gefährlichsten Lavaströme zu überqueren, ohne sich die Zehen zu verbrennen.

56. Das stille Spiel

SPIELER	SCHWIERIGKEIT	SPIELDAUER
2+	**leicht**	**Hängt davon ab, wie gut ihr seid!**

DARUM GEHT'S: Pssst!

WETTKAMPF, DRINNEN, LACHEN

WAS IHR BRAUCHT:

- keine Hilfsmittel erforderlich

UND SO GEHT'S:

Herrlich! Endlich einmal ein Spiel, das Leute dazu bringt, leise zu sein! Nun... so einfach ist es nicht, denn das Ziel des Spiels ist, die Gegenspieler dazu zu bringen, ein Geräusch zu machen. Dazu ist jedes Mittel recht, seien es alberne Grimassen, drohendes Starren oder der Versuch, einen Gorilla nachzumachen. Jedes Geräusch zählt, also achtet auf Schritte, Seufzer und das übliche gelegentliche Schniefen. Kein Geräusch machen zu dürfen führt zu einer unglaublichen Spannung. Wenn ihr die Leute danach wieder beruhigen wollt, schaut in das Kapitel ‚Entspannt euch!' ab Seite 219. In diesem Spiel geht es um Selbstwahrnehmung und inneres Gleichgewicht ... das ist nicht gerade entspannend.

Eine Grundregel ist, dass es keinen Körperkontakt gibt. Natürlich macht dein Mitspieler ein Geräusch, wenn du ihn nur fest genug trittst. Aber wo bleibt da der Spaß?

LEVEL UP:

- Versucht, alltägliche Aufgaben in absoluter Stille zu erledigen. Faltet Socken, kocht zusammen oder bringt den Schulweg hinter euch, alles ohne das kleinste Geräusch. Ich frage mich, ob ihr die kleinen Dinge im Leben hinterher mit anderen Augen seht.

57. Übersehene Sachen

SPIELER	SCHWIERIGKEIT	SPIELDAUER
2+	**mittel**	**10–20 min**

DARUM GEHT'S: Schlüpft in die Rolle übersehener Dinge und schaut, wie lange die anderen brauchen, um das Objekt zu finden.

KREATIVITÄT, RÄTSEL, DRINNEN

WAS IHR BRAUCHT:

- keine Hilfsmittel erforderlich

UND SO GEHT'S:

Dieses Spiel habe ich in einem Buch von Pie Corbett entdeckt; es wurde von dem Dichter Philip Gross erfunden. Ich finde es einfach nur super.

Lauft durch das Zimmer und schaut nach etwas, von dem ihr glaubt, nur ihr habt es gesehen. Das kann ein Papierfetzen auf dem Boden sein oder ein Schuhabdruck an einer Fußleiste.

Stellt euch vor, ihr wäret dieses Ding. Beschreibt euren Mitspielern, wie sich das anfühlt. Was seht ihr, wie seid ihr diese Sache geworden und wie ist es, an dem Ort zu leben, an dem ihr euch befindet? Gebt nicht zu viele offensichtliche Hinweise zu eurem Aufenthaltsort, aber versetzt euch trotzdem richtig in eure Sache, die keiner beachtet. Die Mitspieler müssen das Zimmer absuchen und herausfinden, was ihr seid. War die Suche erfolgreich, schlüpft jemand anderes in ein übersehenes Ding.

TIPP:

- Bei diesem Spiel geht es darum, etwas anderes zu verkörpern. Dafür braucht man Empathie. Wenn ihr eine Sache zum Leben erweckt, geht es darum, was die Sache denken, sagen, fühlen und tun würde, wenn sie lebendig wäre. Das ist nicht einfach, aber ein guter Grund, es zu versuchen.

58. Monster in allen Ecken

SPIELER	SCHWIERIGKEIT	SPIELDAUER
1+	**mittel**	**unterschiedlich**

KREATIVITÄT, MALEN, DRINNEN, LANGZEITSPIEL

DARUM GEHT'S: Euer Haus ist voller kleiner Monster. Oder wenigstens wird es das sein, nachdem ihr dieses Spiel gespielt habt.

WAS IHR BRAUCHT:

- Knetmasse oder Ton, sonst Malzeug

UND SO GEHT'S:

Durchsucht das Haus, als würdet ihr nach Mäusen oder anderen kleinen Tieren Ausschau halten. Wo könnten kleine Monster hier überall leben? In den Küchenschränken? In den Taschen eines alten Mantels? Am Boden des Zahnputzbechers?

Stell euch vor, welche winzigen, bösen (oder süßen) Monster in diesen Verstecken wohnen könnten. Dann bastelt diese Monster, setzt sie in die Verstecke und vergesst sie wieder. Früher oder später werden sie wiedergefunden, und genau darin liegt der Spaß. Wie lange bleiben sie unentdeckt, bis sie am Ende doch jemand findet? Wenn ihr euch für ein Versteck entschieden habt, fragt euch, was für eine Art Monster dort leben würde. Was würde das Monster tun? Was würde es essen? Wie würde das Monster sein Zuhause einrichten? Malt das Monster, gebt ihm einen Namen, schreibt auf, was es den lieben langen Tag macht.

Wenn ihr Knetmasse oder Ton habt, könnt ihr ein richtiges Monster erschaffen. Macht es so klein wie nötig. Hat es Beine? Flügel? Fühler? Einen Panzer? Welche Farbe braucht es, um mit seiner Umgebung zu verschmelzen und nicht gefunden zu werden? Wenn ihr weder Knetmasse noch Ton habt, malt das Monster auf ein kleines Stück Papier oder Karton. Wenn ihr fertig seid, ist es Zeit einzuziehen. Stellt sicher, dass das Monster in seinem Versteck sicher ist. Wenn ihr möchtet, gebt ihm eine kleine Botschaft mit. Ihr könntet schreiben, wer das Monster ist, wie es in das Versteck gelangt ist und was der Finder jetzt tun soll.

Überlasst das Monster seinem Schicksal. Nach ein paar Tagen könnt ihr nochmal nach ihm sehen. Je mehr Monster ihr erschafft und in eurem Haus versteckt, desto besser seid ihr in diesem Spiel.

WICHTIG:

- Wenn es kleine Kinder oder Haustiere in eurem Haus gibt, achtet darauf, keine kleinen, verschluckbaren Gegenstände in Reichweite zu deponieren, die in falsche Hände oder Pfoten gelangen könnten. Wenn du alleine spielst, hole im Zweifelsfall den Rat einer zweiten Person ein, ob es sich um sichere Monster-Verstecke handelt.

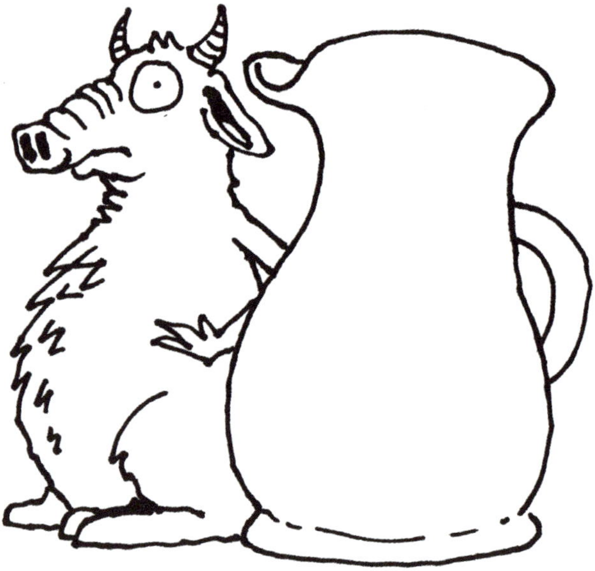

59. Wortpuzzle

SPIELER	SCHWIERIGKEIT	SPIELDAUER
1+	**mittel**	**5 min pro Runde**

DARUM GEHT'S: Ein beliebtes Anagramm-Spiel

BUCHSTABIEREN, WORTSCHATZ, WETTKAMPF

WAS IHR BRAUCHT:

- Buchstabenkarten, ausgeschnitten und auf zwei Behälter verteilt
- Mini-Whiteboard oder Papier und Stifte für alle
- Timer (Stoppuhr oder Smartphone)
- Wörterbuch (online ist OK) zur Überprüfung der Schreibweise

UND SO GEHT'S:

Das Spiel erfordert ein wenig Vorbereitung. Lasst euch davon nicht abschrecken, den Aufwand ist es wert.

Schneidet Papier oder Karton in kleine Vierecke. Schreibt auf jedes einen Buchstaben. Es ist wichtig, dass ihr die jeweils richtige Anzahl eines Buchstaben herstellt.

Vokale: 4 x **E**, 3 x **A**, 3 x **I**, 3 x **O** und jeweils 1 x **U**, **Ö**, **Ä**, **Ü**.
Legt diese 17 Vokale in den Vokalbehälter.

Konsonanten: jeweils 5 x **D, L, N, R, S** und **T**, jeweils 3 x **C, G, M** und **P**, jeweils 1 x **B, F, H, J, K, Q, V, W, X, Y**. Diese Konsonanten kommen in den anderen Behälter.

In jeder Runde zieht ein Spieler neun Buchstaben aus den beiden Behältern und legt sie auf den Tisch. Ihr könnt selbst entscheiden, wie viele davon Vokale oder Konsonanten sind, ihr müsst die Buchstaben aber einzeln ziehen und dürft nicht gucken. Eine Mischung aus Vokalen und Konsonanten ist am besten. Ihr werdet schnell herausfinden, welches Mischungsverhältnis gut funktioniert. Selbst wenn ihr eine ungünstige Kombination gewählt habt, so steht ihr doch alle vor der gleichen Herausforderung.

Wenn ihr alle Buchstaben gezogen habt, stellt den Timer auf eine Minute und fangt an.

Das Ziel ist, das längste mögliche Wort aus den gezogenen Buchstaben zu bilden. Wenn ihr alleine spielt, nehmt einfach Buchstabenkarten und legt sie in die gewünschte Reihenfolge. Städte- und Eigennamen (wie ‚London', ‚Facebook' oder ‚John'), Umgangssprache (‚Haha', ‚Hömma') und Abkürzungen (‚ROFL', ‚LOL') sind verboten.

Wenn die Zeit um ist, liest jeder sein längstes Wort vor. Für jeden verwendeten Buchstaben gibt es einen Punkt. Das Spiel ist aber genauso witzig, wenn ihr ohne Punkte spielt.

BEISPIEL:

Die Buchstaben lauten: A, G, P, D, E, I, T, S, D

Spieler 1: ‚TIPP': Das sind 4 Punkte.

Spieler 2: ‚PEPSI': Das ist leider ein Eigenname. Sein zweitlängstes Wort ist ‚IST': 3 Punkte.

Spieler 3: ‚PISTOLE': Das wären 7 Punkte, doch leider gibt es weder ein O noch ein L. Sein zweitlängstes Wort ist ‚PISTE': 5 Punkte

TIPPS:

- Untersucht eure längsten Wörter. Welche Konsonant-Vokal-Kombinationen kommen vor, wie beginnen und enden die Wörter? Diese Fragen helfen euch, bessere Anagramme zu finden.
- Sucht typische Wortendungen, wie ‚-en' oder ‚-er'.
- Wenn ihr nur Wörter mit drei oder vier Buchstaben findet, probiert einmal, Buchstabenpaare statt Einzelbuchstaben zu kombinieren.

LEVEL UP:

- Bildet einen Satz aus den längsten (oder besten) Wörtern einer Runde. Das kann ziemlich lustig werden. Für die Beispielrunde könnte der Satz lauten: ‚Diese Piste ist ein guter TIPP!'

60. Doppeltes Akrostichon

SPIELER	SCHWIERIGKEIT	SPIELDAUER
1+	**mittel**	**10 min**

DARUM GEHT'S: Ein Akrostichon links, ein Akrostichon rechts, eure Wörter in der Mitte. Schafft ihr das?

CHILLEN, WORTSCHATZ, BUCHSTABIEREN

WAS IHR BRAUCHT:

- Stift und Papier

UND SO GEHT'S:

Dieses Spiel wirkt entspannend und macht Spaß: Perfekt für lange Schlechtwettertage in der Wohnung.

Ein Akrostichon ist ein Gedicht, bei dem bestimmte Buchstaben der Zeilen ein Wort bilden. Bei diesem Spiel wollen wir am Ende eine Liste von Wörtern haben, bei der die ersten und letzten Buchstaben Wörter ergeben, wenn man sie von oben nach unten beziehungsweise unten nach oben liest. Findet zwei beliebige Wörter, die die gleiche Anzahl Buchstaben haben. Schreibt ein Wort senkrecht von oben nach unten auf die linke Seite eures Blattes und das andere Wort von unten nach oben auf die rechte Seite.

Die Aufgabe ist, Wörter zu finden, die mit den Buchstaben links beginnen und dem Buchstaben rechts enden. Es ist egal, wie lang die Wörter sind, die ihr findet.

BEISPIEL:

In diesem doppelten Akrostichon habe ich die Wörter ‚Machwerk' und ‚Tablette' verwendet.

M		E	I	S				**E**
A	R		B		E		I	**T**
C					H	A	O	**T**
H	O	S						**E**
W				I	P	F	E	**L**
E	S	P	E	N	L	A	U	**B**
R				E		H		**A**
K	I	L						**T**

LEVEL UP:

- Um das Spiel noch interessanter zu gestalten, könnt ihr festlegen, dass alle Wörter dieselbe Länge haben müssen. Das ist keine einfache Aufgabe. Entscheidet euch erst für eine Wortlänge, wenn ihr schon ein paar Ideen habt.

KAPITEL 7

LANGE SPIELE FÜR LANGE REISEN

Dein Onkel und seine siebenköpfige Familie statten dir einen Sonntagsbesuch ab, doch deine Wohnung ist ein einziges Chaos. Die ganze Woche wolltest du aufräumen, doch jeden Abend kam etwas anderes dazwischen. Du hast den ganzen Kram also kurzerhand auf alle Zimmer verteilt und ihre Türen fest verschlossen. Damit niemandem der Stapel ungeöffneter Briefe und die zerfledderten Zeitungen auffallen, hast du die schöne marokkanische Obstschüssel aus dem letzten Sommerurlaub daneben gestellt.

Jetzt sind alle da und sie haben einen Welpen dabei. Einen Welpen, der so riesig ist, dass die Bezeichnung ‚Welpe' absolut irreführend ist. Du fühlst dich zwar plötzlich wie die sprichwörtliche Sardine in der Dose, machst aber trotzdem Tee für elf, auch wenn du dafür dreimal Wasser aufsetzen musst. Nach wenigen Minuten haben die Kinder die verschlossenen Türen mit der Unordnung dahinter gefunden und der Hund fegt die schöne marokkanische Obstschüssel mit seinem Schwanz vom Tisch.

Du hörst die Worte „Lasst uns spazieren gehen" noch bevor du realisierst, dass du es warst, der sie ausgesprochen hat.

Schon nach ein paar hundert Metern des Weges bereust du deine Idee. Du hast die Handschuhe vergessen, der Hund eine Straßentaube gefangen, die Mädchen sind so gelangweilt, dass sie ein Lied darüber singen und du hast deinem Onkel noch immer nichts zu sagen.

Zum Glück findet ihr hier zehn Spiele für genau diese Situation. Diese Spiele beleben die langweiligen Momente, in denen einem nichts mehr übrigbleibt, als sich zu unterhalten. Sie bieten Gesprächsanlässe, Rededuelle, Ratespiele und erfordern Kreativität. Wenn ihr einmal angefangen habt, wünscht ihr euch, der Spaziergang wäre noch fünf Kilometer länger, der Zug würde noch drei Stationen weiter fahren oder der Bus müsse einer Umleitung folgen.

61. Das Frage-Spiel

SPIELER	SCHWIERIGKEIT	SPIELDAUER
2	**leicht**	**10 min**

DARUM GEHT'S: Beantworte alle Fragen mit einer Gegenfrage und entscheide den Wettstreit für dich.

WETTKAMPF, KOMMUNIKATION, STRATEGIE

WAS IHR BRAUCHT:

- keine Hilfsmittel erforderlich

UND SO GEHT'S:

Ein Spieler beginnt und stellt eine Frage.
Das kann jede beliebige Frage sein, aber hier sind ein paar Beispiele:

- Wie viel Uhr ist es?
- Was ist dein Lieblingsessen?
- Was möchtest du heute unternehmen?
- Wann hast du zuletzt gebadet?

Statt eine Antwort zu geben, antwortet der Mitspieler mit einer Gegenfrage, die das Gespräch in Gang hält. Aber fragt nicht einfach ‚Könntest du das bitte wiederholen?' oder ‚Was?'. Das ganze Gespräch darf nur aus Fragen bestehen. Keine Frage darf zweimal gestellt werden. Derjenige, der als Erstes keine Frage stellt, verliert.

BEISPIEL:

Spieler 1: „Was gibt es zum Abendessen?"
Spieler 2: „Warum glaubst du, ich würde kochen?"
Spieler 1: „Wer sonst sollte kochen?"
Spieler 2: „Könntest du das nicht tun?"
Spieler 1: „Hast du mich schon mal kochen gesehen?"
Spieler 2: „Wann lernst du es denn endlich?"
Spieler 1: „Keine Ahnung. Wann bringst du es mir bei?"
Spieler 1 verliert, denn ‚keine Ahnung' ist eine Aussage, keine Frage.

TIPPS:

- Offene Fragen sind immer besser als geschlossene. Beginne deine Frage lieber mit einem der fünf Ws (was, wer, wo, warum, wann) statt mit ‚Hast du …' oder ‚Ist …'. Geschlossene Fragen kann man meistens nur mit ‚Ja' oder ‚Nein' beantworten.
- Im Zweifelsfall kannst du die Frage deines Mitspielers als Gegenfrage an ihn zurückgeben.
- Achte auch auf kleine Aussagen wie ‚Nein' oder ‚Keine Ahnung'. Sie sind oft der Grund, warum Leute das Spiel verlieren!

62. Schock-Buchstaben

SPIELER	SCHWIERIGKEIT	SPIELDAUER
2+	**leicht**	**5 min pro Runde**

DARUM GEHT'S: Vermeidet elektrische Schocks, hütet euch vor den Schock-Buchstaben.

CODE, RÄTSEL, BUCHSTABIEREN

WAS IHR BRAUCHT:

- keine Hilfsmittel erforderlich

UND SO GEHT'S:

Das Spiel ist die Buchstabier-Version von ***Die verschlossene Kiste*** (siehe Seite 117). Ein Spieler ist der Schocker und sucht sich einen „Schock-Buchstaben" aus. Wörter mit diesem Buchstaben sind fortan tabu, ansonsten bekommt ihr einen elektrischen Schock. Wenn der Schocker weiß, was gut für ihn ist, hält er den Buchstaben geheim.

Die anderen sagen jetzt der Reihe nach verschiedene Wörter. Wenn eines den bewussten Buchstaben enthält, ruft der Schocker ‚Schock!'. Gute Freunde kann man dabei auch kitzeln, aber damit müssen alle einverstanden sein. (Ich hasse es, gekitzelt zu werden, und würde nie wieder mit euch reden, wenn ihr es trotzdem tätet.)

Versucht nun herauszufinden, welches der Schock-Buchstabe ist. Das geht in der Regel sehr schnell, sehr zum Ärger des Schockers. Wenn es schon ein paar Runden keinen elektrischen Schock mehr gegeben hat, tauscht die Rollen und sucht einen neuen Buchstaben.

BEISPIEL:

Der Schocker hat ‚g' als Schock-Buchstaben ausgewählt.

Spieler 1: „Schweden."

Der Schocker sagt nichts.

Spieler 2: „Norwegen."

Schocker: „Schock!"

Spieler 1 denkt, der Buchstabe könnte ‚o' sein. Er probiert es aus und sagt ‚Boot.'

Der Schocker sagt nichts. Spieler 1 weiß nun: Es ist nicht ‚o'.

Spieler 2 sagt: „Garten."

Schocker: „Schock!"

Spieler 1: „Gurke."

Schocker: „Schock!"

Spieler 2 denkt, es geht um den Buchstaben ‚g', also vermeidet er ihn und sagt: ‚Soße.'

Spieler 1 glaubt ebenfalls, etwas zu wissen, und wagt es: ‚Gerste.'

Schocker: „Schock!"

Und so weiter.

TIPPS:

- Merkt euch die Buchstaben aller Schock-Wörter. Beim nächsten Schock-Wort könnt ihr dann vergleichen. So findet ihr den Buchstaben schnell und bekommt keine elektrischen Schocks verpasst.
- Manche Spieler entgehen den Schocks nur aus Zufall. Sie benutzen nicht die richtigen Wörter (oder sie benutzen die falschen). Wenn jemand wirklich Bescheid weiß, ist es ziemlich offensichtlich.

LEVEL UP:

- Wenn das Spiel zu schwer für euch ist oder ihr einfach Whiteboards mögt, könnt ihr mit einem Whiteboard spielen. Notiert die Rateversuche und macht zwei Listen: ‚erlaubte Buchstaben' und ‚verbotene Buchstaben'. Sobald auf der zweiten Liste ein Buchstabe steht, werdet ihr die Antwort schnell finden.
- Wenn ihr nicht aufhören wollt zu spielen, dann merkt euch den letzten Schock-Buchstaben. Wenn ihn dann später jemand nichtsahnend im Gespräch benutzt: ‚Schock!'

63. Glubsch!

SPIELER	SCHWIERIGKEIT	SPIELDAUER
2+	**leicht**	**10 min**

DARUM GEHT'S: Ein Wort-Feuerwerk, bei dem der gewinnt, der den meisten Unsinn redet.

WORTSCHATZ, LACHEN, KOMMUNIKATION, WETTKAMPF

WAS IHR BRAUCHT:

- keine Hilfsmittel erforderlich

UND SO GEHT'S:

Dieses Spiel ist totaler Nonsens: Ihr müsst euch der Reihe nach Quatsch-Wörter um die Ohren hauen. Und zwar so schnell wie möglich. Die Wörter dürfen nur eine Silbe lang sein, nicht zwei oder drei. Guckt euch das Spiel ***Avagat*** (siehe Seite 78) an, dort erfahrt ihr, wie man Silben erkennt.

Hier ist das Problem: Bei einsilbigen Wörtern ist es überraschend einfach, aus Versehen ein Wort zu sagen, das tatsächlich existiert. Falls euch das passiert, bekommen eure Mitspieler einen Punkt. Wenn ihr zu lange braucht, bekommen sie ebenfalls einen Punkt. Wenn ihr ein Wort wiederholt, auch. Und auch, wenn das Wort mehr als eine Silbe hat. Wer zuerst eine Million Punkte hat, gewinnt.

Noch ein Hinweis: Wenn ihr eine lustige Endung findet, könntet ihr vielleicht auf die Idee kommen, von nun an nur noch den Anfang zu ändern: ‚Totsch, Fotsch, Jotsch, Spotsch'. Aus diesem Grund sind mehr als zwei Worte, die sich reimen, verboten. Jedes Wort soll unterschiedlich sein, alles andere ist geschummelt.

BEISPIEL:

Spieler 1: „Sputsch."
Spieler 2: „Ling."
Spieler 1: „Tut. Oh, nein..."
Spieler 2: „Das ist ein Wort, ich bekomme einen Punkt. Ich fange wieder an: Plik!"
Spieler 1: „Tresch."
Spieler 2 (langsam): „F ... o ... j?"
Spieler 1: „Zu langsam! Ich bekomme einen Punkt."

TIPPS:

- Denkt an die Schreibweise, wenn ihr das Wort aussprecht. Die meisten einsilbigen Worte haben das Schema Konsonant - Vokal - Konsonant. Sucht ungewöhnliche Kombinationen und hofft, dass es keine echten Wörter sind.
- Es geht nicht darum, wie ihr das Wort buchstabiert, es geht darum, wie es klingt. Vielleicht habt ihr ‚Hant' gesagt, aber es klingt wie ‚Hand'. Eure Mitspieler bekommen einen Punkt.

64. Ja / Nein / Schwarz / Weiß

SPIELER	SCHWIERIGKEIT	SPIELDAUER
2+	**schwer**	**unendlich**

DARUM GEHT'S: Bringt einen Mitspieler dazu, eines der Wörter zu sagen, die im Namen des Spiels vorkommen.

STRATEGIE, KOMMUNIKATION, LACHEN, WETTKAMPF

WAS IHR BRAUCHT:

- keine Hilfsmittel erforderlich

UND SO GEHT'S:

‚Ja', ‚nein', ‚schwarz', ‚weiß': Vier kurze Wörter, leicht zu merken. Warum ist dieses Spiel trotzdem so schwer? Die Regeln sind einfach: Ein Spieler muss versuchen, solange wie möglich keines der vier Wörter zu sagen, während ihn die anderen Spieler mit Fragen bombardieren. Wer eines der Wörter sagt, fliegt raus und der Nächste ist an der Reihe. Man darf die Fragen aber nicht einfach ignorieren, jede Frage muss sinnvoll beantwortet werden. Nicken und Kopfschütteln sind ebenfalls verboten. Das ist besonders schwierig, denn ich für meinen Teil achte meistens nicht darauf, was ich mit meinem Kopf mache. Ihr könntet auch Geräusche wie ‚Mm-hmm' und ‚ah-ah' verbieten, die ganz offensichtlich ‚ja' und ‚nein' bedeuten. Ihr solltet auch besprechen, ob Wörter wie ‚jepp' oder ‚nö' erlaubt sind.

BEISPIEL:

Spieler 1: „Was ist deine Lieblingsfarbe?"
Spieler 2: „Rot."
Spieler 1: „Wirklich?"
Spieler 2: „Jepp… ach, Mist!"

TIPP:

- Wenn der Befragte wirklich gut ist, versucht ihn mit komplizierteren Fragen, die lange Erklärungen erfordern, abzulenken. Stellt Fragen, die nichts mit den vier verbotenen Wörtern zu tun haben. So wird er unaufmerksam. Fragt ihn zum Beispiel: ‚Wann warst du zuletzt in Frankreich?' Wartet die Antwort ab und dann fragt: ‚Und warst du auch schon in Italien?' Das klappt meistens.

LEVEL UP:

Es gibt eine ganze Reihe ergänzender Regeln. Probiert sie aus und schaut, ob das Spiel einfacher oder schwieriger wird.

- Man darf eine Antwort nicht mehrfach geben. Diese Regel ist sinnvoll, wenn Mitspieler alles mit ‚Keine Ahnung' beantworten.
- Achtung, Spaß-Alarm! Wenn ihr keinen Spaß mögt, lest nicht weiter... OK. Los geht's:

  Jeder Spieler ist gleichzeitig Fragesteller und Befragter. Stellt Fragen und versucht eure Mitspieler dazu zu bringen, eines der Wörter zu sagen, ohne selbst in diese Falle zu tappen. Wer reinfällt, setzt den Rest der Runde aus. Wer bleibt übrig? Hart, aber lustig.

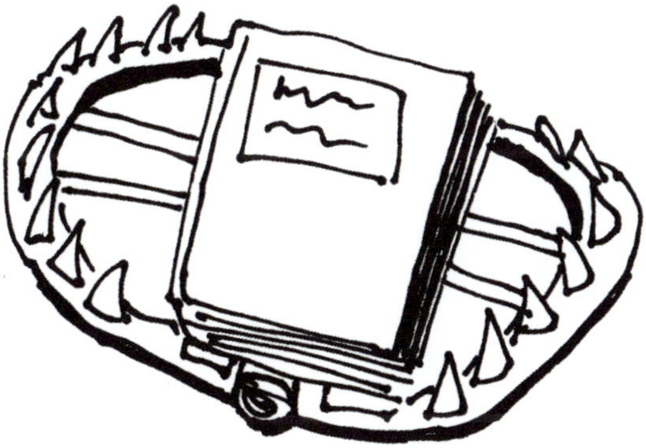

65. Animalische Adjektive

SPIELER	SCHWIERIGKEIT	SPIELDAUER
2+	**schwer**	**solange ihr wollt**

DARUM GEHT'S: Ein heiteres Hin und Her mit den lustigsten Tieren, die euch einfallen.

GRAMMATIK, WORTSCHATZ, KREATIVITÄT

WAS IHR BRAUCHT:

- keine Hilfsmittel erforderlich

UND SO GEHT'S:

Denkt euch der Reihe nach ein Tier aus und ein Adjektiv, welches das Tier beschreibt. Das Schwierige daran: Tier und Adjektiv müssen mit demselben Buchstaben beginnen. Das nennt man eine Alliteration. Alliterationen sind super. Ihr könnt festlegen, dass ein Spieler, der zu lange braucht oder keine Alliteration verwendet, bis zum Ende der Runde aussetzen muss. Ihr könnt aber auch ohne Wettbewerb spielen. Je alberner es wird, desto besser.

BEISPIEL:

Spieler 1: „Idiotischer Igel."

Spieler 2: „Faule Fliege."

Spieler 3: „Kultiges Chamäleon."

Spieler 1: „Würstchen Wiesel."

Spieler 3: „Würstchen ist kein Adjektiv!"

Spieler 1: „OK. Dann eben weinerliches Wiesel."

Und so weiter.

TIPPS:

- Manche finden es einfacher, zuerst an das Tier zu denken, andere denken erst an das Adjektiv. Probiert beides und schaut, was euch mehr liegt.
- Wenn ihr euch quer durch das Alphabet spielt, dann viel Glück mit X und Y. Falls ihr Hilfe braucht und keinen Internet-Zugang habt, findet ihr unten einige Vorschläge.*

LEVEL UP:

- Das Spiel bietet tolle Möglichkeiten, das kreative Schreiben zu trainieren. Nehmt eure Lieblingstiere und Lieblingsadjektive und bildet daraus ganze Sätze voller Alliterationen.
  ‚Grummeliger Gorilla' ist super, aber wie wäre es mit ‚Der grummelige Gorilla grüßte grinsend gackernde Gänse'? Nicht alle Wörter müssen mit dem gleichen Buchstaben beginnen, aber die meisten sollten es tun.

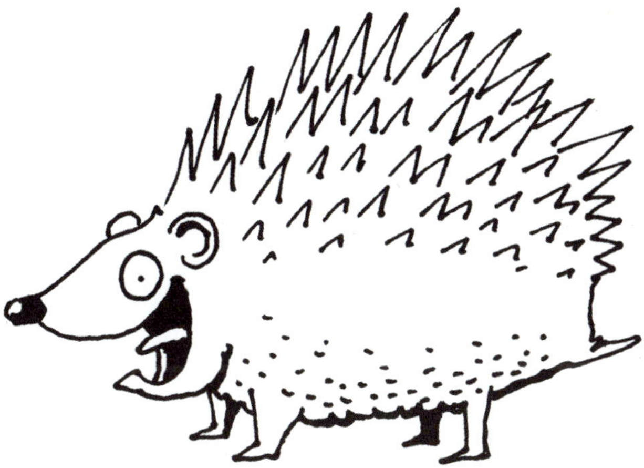

*Was spricht gegen lateinische Tiernamen? Wie wäre es mit Xerus oder Xenopus? Auf das Yak seid ihr vermutlich schon selbst gekommen.

66. Vergleichsketten

SPIELER	SCHWIERIGKEIT	SPIELDAUER
2	**mittel**	**15 min**

DARUM GEHT'S: Ein kooperatives Ideen-Spiel mit den seltsamsten Vergleichen.

KREATIVITÄT, WORTSPIELE, GRAMMATIK, KOMMUNIKATION

WAS IHR BRAUCHT:

- Stift und Papier, um eure Spielstände zu notieren (optional)

UND SO GEHT'S:

Dies ist ein langsames Spiel. Stellt euch auf Phasen der Stille und längere Denkpausen ein. Das Spiel ist aber nicht nur langsam, sondern auch richtig klasse. Probiert es aus!

Dafür müsst ihr das rhetorische Stilmittel des Vergleichs kennen. Mit einem Vergleich schafft ihr ein Bild, indem ihr sagt, dass etwas wie etwas anderes ist:

- „Der Regen rinnt herunter wie ein Wasserfall."
- „Dieses Curry brennt wie Feuer."
- „Meine Fahrt zur Arbeit war wie ein schlechter Film: voller Längen und am Ende bin ich eingeschlafen."

Vergleiche sind hilfreich, wenn du den Lesern/Zuhörern etwas beschreiben möchtest, was sie nicht kennen, indem du es mit etwas vergleichst, das sie bereits kennen.

Dieses Spiel hat zwei Level. Ich empfehle, dass ihr mit Level 1 anfangt und sobald ihr es euch einigermaßen zutraut, gleich Level 2 versucht. Das ist zwar schwerer, aber auch unterhaltsamer.

LEVEL 1:

- Es funktioniert ähnlich wie das Spiel ***Wort-Assoziationen*** (siehe Seite 220). Ein Spieler nennt eine Sache, Person oder Handlung und der andere Spieler muss diese mit einer neuen Sache, Person oder Handlung verbinden und eine Begründung dafür geben. Folgt dabei diesem Muster: ‚____ ist wie____, beide____.'

  Der erste Spieler muss jetzt eine neue Sache, Person oder Handlung mit der vorherigen der Mitspieler verbinden und so weiter. Das Gute ist, dass ihr eure Begriffe auf einfache (‚beide haben Räder') oder auf komplizierte Weise verbinden könnt (‚von beiden bekommt man schlechten Atem', ‚beide eignen sich nicht als Geburtstagsgeschenk', ‚beide pfeifen'). Das Ziel ist es, möglichst lange Ketten von Vergleichen zu schaffen.

BEISPIEL (LEVEL 1):

Spieler 1: „Ein Ball."

Spieler 2: „Ein Ball ist wie eine Orange, beide sind rund."

Spieler 1: „Eine Orange ist wie ein Nashorn, beide haben eine dicke Haut."

Spieler 2: „Ein Nashorn ist wie ein Kriegsschiff, beide sind grau."

Spieler 1: „Ein Kriegsschiff ist wie eine Gummiente, beide schwimmen auf dem Wasser."

Spieler 2: „Eine Gummiente ist wie ein Meerschweinchen, beide quietschen, wenn man sie drückt."

LEVEL 2:

- Wenn ihr mit Level 1 vertraut seid, sucht ihr vielleicht eine Herausforderung. In Level 2 wird das Spiel komplexer, aber macht auch noch mehr Spaß. Spielt das Spiel wie zuvor, denkt euch einen Begriff aus, der mit dem vorherigen vergleichbar ist, doch dieses Mal nennt ihr keine Begründung. Die Verbindung muss euer Mitspieler herausfinden. Es ist egal, ob er auf die Verbindung kommt, an die ihr gedacht habt. Es macht doch auch Spaß, andere interessante Verbindungen zu hören.

BEISPIEL (LEVEL 2):

Spieler 1: „Ein Löwe."

Spieler 2: „...ist wie ein Motorrad."

Spieler 1: „...weil beide fauchen und brüllen?"

Spieler 2: „Oh, das ist gut! Ich dachte daran, dass beide schnell sind."

Spieler 1: „Ein Motorrad ist wie eine Fritteuse."

Spieler 2: „Man füllt Öl hinein?"

Spieler 1: „Ja."

Spieler 2: „Eine Fritteuse ist wie ein Schwimmbad."

Und so weiter.

LEVEL UP:

- Wenn euch auch das noch zu einfach ist, zählt bis drei und nennt gleichzeitig willkürliche Begriffe. Dann findet heraus, was die beiden Begriffe verbindet. Seid geduldig: Das ist nicht einfach!

67. Prominüse

SPIELER	SCHWIERIGKEIT	SPIELDAUER
2+	**schwer**	**15 min+**

DARUM GEHT'S: Vertreibt euch die Zeit und verwandelt Prominente in Gemüse.

TEAMWORK, WORTSPIELE, ENTSPANNUNG

WAS IHR BRAUCHT:

- Falls ihr kreativ seid: Malutensilien
- Alle anderen: keine Hilfsmittel erforderlich

UND SO GEHT'S:

Ein tolles Spiel, auf das man immer wieder zurückkommen kann, sobald man einen Einfall hat. Kombiniert den Namen eines Prominenten mit einem Gemüse (oder einer Frucht) und schafft kuriose Figuren. Ihr könnt dafür den Vornamen nehmen wie in ‚Rhabarbara Schöneberger' oder den Nachnamen, wie bei ‚Kai Pflaume' (sorry, der musste sein!) oder ‚Günther Lauch'. Überlegt nach jedem Vorschlag gemeinsam, wie die Kombination aus Gemüse und Promi aussehen könnte. ‚Sylvie Mais' wäre vielleicht ein Maiskolben im Abendkleid; ‚Ananas-Sophie Mutter' könnte einen frechen grünen Kurzhaarschnitt haben.

Überlegt, wie anders ihre Karrieren verlaufen wären, wenn sie anderes Obst oder Gemüse gewesen wären. Ihr könntet auch überlegen, wie man sie am besten zubereitet.

LEVEL UP:

- Wisst ihr, was noch besser ist, als sich das Prominüse nur vorzustellen? Es zu malen. Schickt mir eure besten Kreationen via Twitter, ich möchte eine ganze Galerie mit Prominüse-Bildern erstellen, kann aber leider selbst nicht gut malen.
- Falls ihr etwas Abwechslung wollt: Wie wäre es mit der Kombination aus Musiker und Gebäck (wie in ‚James Brownie' oder ‚Scone Lennon')? Oder Filme über Tiere (‚Liebling, ich habe die Rinder geschrumpft')?

68. Essenz

SPIELER	SCHWIERIGKEIT	SPIELDAUER
2+	**schwer**	**unendlich**

DARUM GEHT'S: Erratet die Identität einer Person, indem ihr zum Kern der Persönlichkeit, ihrer ‚Essenz' vordringt.

ENTSPANNUNG, TEAMWORK, KOMMUNIKATION, KREATIVITÄT

WAS IHR BRAUCHT:

- keine Hilfsmittel erforderlich

UND SO GEHT'S:

Einer von euch denkt an jemanden, den ihr alle kennt: ein Familienmitglied, einen Freund oder Kollegen. Am besten funktioniert das Spiel, wenn ihr keine Prominenten wählt, denn es gibt zu viele und, sorry, wenn ich es sage: Man kennt sie ja nicht wirklich, sondern nur die Seiten, von denen sie wollen, das man sie kennt.

Die anderen Spieler müssen nun abwechselnd Fragen stellen, um herauszufinden, wer die gesuchte Person ist. Der Kniff: Ihr dürft nur metaphorische Fragen stellen, bei denen es um die ‚Essenz', also den Kern der Persönlichkeit, geht. Hier sind ein paar Beispielfragen:

- Was für ein Tier ist die Person?
- Was für ein Kleidungsstück?
- Welche Farbe?
- Was für ein Shop?
- Welche Stadt?
- Welche Pflanzen?
- Welche Fernsehsendung?
- Welches Spiel?
- Welches Fahrzeug?
- Welches Jahrzehnt?
- Welches Geräusch?
- Welche Geschmacksrichtung?

Die Fragen sind natürlich nicht wörtlich zu verstehen. Ja, die Person ist ein Mensch, aber das ist nicht die Antwort auf die erste Frage. Vielleicht ist die Person ein Hund, weil sie sehr loyal ist. Oder ein Affe, weil sie vorwitzig ist.

Die Antwort auf die Frage darf immer nur aus einem Wort bestehen, zum Beispiel ‚Leopard'.

Die Spieler dürfen auf keinen Fall Fragen stellen, die konkrete Informationen zur Identität der gesuchten Person liefern. Fragen wie ‚Was für ein Geschlecht hat die Person?' oder ‚Wie alt ist die Person?' sind nicht zulässig. Bei dem Spiel geht es nur um Eigenschaften und Metaphern, nicht um Fakten. Wenn ihr glaubt zu wissen, wer gesucht wird, dann stellt keine weiteren Fragen, sondern nennt den Namen der Person.

TIPPS:

- Fangt nicht zu früh mit den Namen an. Wartet, bis ihr euch sicher seid, sonst kann es schnell passieren, dass euch die Namen ausgehen.
- Wenn die Runde vorbei ist, besprecht die Antworten, die ihr auf eure Fragen bekommen habt. Welche Antworten passen, welche nicht? Das ist eine tolle Möglichkeit, über die zu sprechen, die euch lieb und teuer sind. Es ist faszinierend, wie unterschiedlich ein und dieselben Person von verschiedenen Menschen wahrgenommen werden kann.

LEVEL UP:

- Wenn ihr eine entspanntere Version dieses Spiels bevorzugt, einigt euch als Gruppe auf eine Person, die ihr alle kennt und findet dann eine gemeinsame Antwort auf alle zuvor genannten Fragen. Vielleicht stellt ihr auf diese Weise beispielsweise fest, dass Onkel Robert ein Kirschbaum ist.

69. Ich erwarte, dass Sie sterben, Mr Bond

SPIELER	SCHWIERIGKEIT	SPIELDAUER
2	**schwer**	**20 min**

DARUM GEHT'S: Schlüpft in die Rolle eines Erzbösewichts und stellt James Bond eine todbringende Falle - oder spielt James Bond und entwischt in letzter Sekunde. Vorstellungskraft ist alles bei diesem Spiel.

KREATIVITÄT, STORYTELLING, ZEITVERTREIB, KOMMUNIKATION

WAS IHR BRAUCHT:

- Keine Hilfsmittel erforderlich. Es schadet aber nicht, Stift und Papier zur Hand zu haben.

UND SO GEHT'S:

Bei diesem Spiel geht es nicht ums Gewinnen oder Verlieren. Es geht darum, mit eurer Phantasie Situationen zu erschaffen und zu sehen, wie sich euer Mitspieler daraus befreit. Mit diesem Spiel kommt man super ins Gespräch, und obwohl es für zwei Spieler vorgesehen ist, können sich natürlich auch andere mit ihren Ideen und Theorien einbringen.

Ein Spieler ist der Bösewicht, der andere ist James Bond. Der Bösewicht beschreibt die Falle, die er James Bond gestellt hat, so detailliert wie möglich. James Bond darf so viele Fragen stellen, wie er will, um sich ein genaues Bild davon zu machen, wo er sich befindet. Jetzt ist es an James Bond, genau zu erklären, wie er sich befreit. Er kann nur die Gegenstände in seiner Umgebung benutzen, man kann aber davon ausgehen, dass er sehr gut im Knacken von Schlössern, Lösen von Knoten und Entwaffnen von Wachen ist.

Das Spiel endet, sobald sich James Bond befreit und in Sicherheit gebracht hat. Danach tauscht ihr die Rollen und fangt wieder von vorne an.

Hier sind ein paar Elemente, die der Bösewicht für eine typische Bond-Falle verwenden könnte. Die Details müsst ihr euch selber ausdenken.

- ein Becken voller Piranhas
- ein bedrohlich wandernder Laserstrahl
- ein Roboter mit Messerhänden
- ein rasendes Auto ohne Bremse
- ein abstürzendes Flugzeug
- eine tickende Zeitbombe
- ein sinkendes Schiff
- ein Hochofen
- ein Wolfsrudel
- ein zorniger Sumo-Ringer
- eine Abrissbirne
- ein brennendes Gebäude

BEISPIEL:

Bösewicht: „Du bist in einem Stahlkäfig gefangen, der sich langsam in ein Becken voller hungriger Haie senkt. Das Becken wird von sechs bewaffneten Wächtern bewacht. Der Käfig ist mit einem Vorhängeschloss gesichert, es gibt keinen Schlüssel. Wie entkommst du?"

James Bond: „Hmmm. Welche Kleidung trage ich?"

Bösewicht: „Einen Gefängnisoverall, keine Schuhe."

James Bond: „OK, da ich im Käfig bin, können mir die Haie nichts anhaben. Ich bin also sicher, solange ich die Luft anhalte. Wenn ich unter Wasser bin, strecke ich meine überaus appetitliche Hand durch den Käfig, genau dort, wo das Schloss ist. Ein Hai versucht, in meine Hand zu beißen. Mithilfe meiner blitzschnellen Reflexe ziehe ich sie im richtigen Moment weg, sodass der Hai nur das Schloss erwischt und mit seinem starken Kiefer knackt. Jetzt, da ich frei bin, boxe ich den Haien auf die Nase, das lähmt sie. Die Wachen schießen natürlich, aber ich tauche in die entfernteste Ecke des Becken und ziehe einen Wächter am Hosenbein ins Wasser ...", und so weiter.

TIPP:

- Wenn ihr spielt, um zu gewinnen, macht das Spiel keinen Spaß. Das endet damit, dass ihr ständig ‚Das kannst du nicht, weil ...' sagt. Damit das Spiel funktioniert, muss der Bösewicht alle benötigten Informationen geben. Dann lehnt euch zurück und genießt die Vorstellung, wie sich James Bond befreit. Falls James Bond etwas Wichtiges bei seinem Befreiungsplan übersieht, macht ihn erst hinterher darauf aufmerksam und diskutiert gemeinsam eine mögliche Lösung.

70. Rollenspiele (RPGs)

SPIELER	SCHWIERIGKEIT	SPIELDAUER
2-5	**schwer**	**2 std+**

DARUM GEHT'S: Tage, Wochen, ja: Monate voller Spaß! Spielt miteinander und lasst eurer Phantasie freien Lauf.

STORYTELLING, KOMMUNIKATION, TEAMWORK, KREATIVITÄT

WAS IHR BRAUCHT:

- Einen Notizblock und Stifte (optional, aber empfehlenswert)

WAS IST EIN ROLLENSPIEL?:

Von meinem siebten bis zwölften Lebensjahr war ich im Internat. Ich war anders als die anderen Jungen dort, denn ich beehrte diese altehrwürdige Lehranstalt dank eines großzügigen Stipendiums. Die meisten anderen Schüler hatten Ländereien, Bedienstete, Politiker als Väter, das volle Programm. Glücklicherweise drehen sich die meisten Gespräche von Jungen in diesem Alter um Phantasiewelten: Welten, in denen ich mich auskannte, in denen ich nicht der Außenseiter war.

Jeden Abend nach Zapfenstreich spielten wir im Schlafsaal ein interaktives Erzählspiel. Ein Junge war der Spielleiter, alle anderen hatten Rollen in der Geschichte. Die verschiedenen Charaktere mussten wählen, planen, feilschen, streiten, reisen und kämpfen, um die Prüfungen zu bestehen, die der Spielleiter ihnen gab.

Unsere Spiele dauerten manchmal eine Woche oder länger, je nachdem, wie vielschichtig die Geschichte war. Manchmal gab es ein Happy End, aber manchmal starben die Figuren auch grausame und herzzerreißende Tode. Meistens aber schliefen wir mittendrin ein und gingen tags darauf auf ein neues Abenteuer.

Solche Spiele sind super für lange Reisen, wenn ihr die ganze Zeit aufeinanderhängt und einfach mal irgendwo anders hinmüsst. Wenn ihr es richtig anstellt, ist dieses Spiel absolut wundervoll. Angesichts der erforderlichen Zeit solltet ihr es nicht spielen, wenn ihr nur fünf Minuten habt oder wenn es zugeht wie im Taubenschlag. Das wäre sinnlos.

UND SO GEHT'S:

Ein Spieler ist der Spielleiter. Der Spielleiter muss selbstsicher genug sein, eine Geschichte zu entwerfen, und braucht jede Menge gute Ideen. Wenn ihr eure Erzähler-Skills nicht schon längst trainiert habt, dann versucht Spiele wie ***Switch!*** oder ***Genre-Mixer*** (siehe Seite 96 und Seite 76). Es schadet auch nicht, Bücher wie *Der Hobbit* oder *Der Windsänger* gelesen zu haben. Falls ihr RPG-Klassiker wie *Zelda* oder *Final Fantasy* auf eurer Konsole gespielt habt, habt ihr schon eine gute Vorstellung, wie es abläuft.

Der Spielleiter beginnt, die Geschichte zu erzählen. Die Mitspieler sind die Protagonisten dieses Abenteuers. Tut so, als würdet ihr die Geschichte wirklich erleben. Der Spielleiter stellt euch dabei vor immer neue Schwierigkeiten, die ihr überwinden müsst.

Das Tolle daran: Ihr habt völlig freie Hand, wie ihr auf die Aufgaben reagiert. Der Spielleiter muss dann seinerseits auf die neue Situation reagieren. Lasst mich euch ein kurzes Beispiel geben.

BEISPIEL:

Der Spielleiter erklärt, dass die Spieler eine Gruppe von Schulkindern sind, die sich während einer Klassenfahrt im Wald verlaufen haben. Die Sonne ist im Begriff, unterzugehen.

Spielleiter: „OK, ihr habt eure Pausenbrote schon vor Stunden aufgegessen und werdet langsam hungrig. Früher oder später müsst ihr essen. Was werdet ihr tun?"

Spieler 1: „Wir müssen einen Weg zurück finden. Können wir eine Straße sehen?"

Spielleiter: „Nein, es gibt nur Bäume und Brombeerbüsche. Die Brombeerbüsche sind dornig und voller Beeren."

Spieler 2: „Ich esse Brombeeren."

Spielleiter: „Spieler 2 isst Brombeeren und fühlt sich sofort besser. Möchte noch jemand Beeren essen?"

Spieler 3: „Auf keinen Fall!"

Spielleiter: „Hmmm. Mir fällt auf, Spieler 2 sieht blass aus. Du hältst dir den Bauch und krümmst dich."

Spieler 1: „Sie ist vergiftet! Ich gebe ihr von meinem Wasser."

Spieler 2: „Ich habe die Beeren ausgespuckt."

Spielleiter: „Nein, Spieler 2, du hast die Beeren bereits geschluckt, du kannst sie nicht mehr ausspucken. Du trinkst von dem Wasser und fühlst dich etwas besser. Doch als du etwas zu Atem kommst, hört ihr plötzlich ein Heulen in der Ferne."

Spieler 1: „Lauft!"

Und so weiter.

Als Spielleiter ist es wichtig, die Szenen gut zu beschreiben. Nutze alle fünf Sinne, um zu beschreiben, was um die Spieler herum vorgeht. Erschaffe gefährliche Situationen, die bewältigt werden müssen, und Nebenfiguren, die den Spielern Aufträge geben und sie auf Missionen schicken: mächtige Waffen und hilfreiche Freunde finden, Tore öffnen, dunkle Verliese durchqueren und schließlich den Endgegner besiegen.

Die Spieler sollten dem Spielleiter viele Fragen stellen, die er alle so gut wie möglich beantworten muss. Die Spieler können dann ihre Entscheidungen jeder für sich oder als Gruppe treffen.

Der Spielleiter sollte sich sorgfältigst Notizen machen und alle gefundenen Objekte, Eigenschaften, Fähigkeiten und Elemente der Geschichte festhalten. Der Schauplatz des Abenteuers lässt sich mit einer einfachen skizzierten Karte darstellen.

Der Spielleiter kann den Spielern jederzeit sagen, was möglich ist und was nicht. Wenn Spieler 3 beispielsweise plötzlich eine Bazooka ziehen will, muss der Spielleiter ihn daran erinnern, dass er keine Waffen hat.

BASIS-GESCHICHTEN FÜR EURE ABENTEUER:

Vielleicht seid ihr euch noch nicht sicher, was ihr von der ganzen Sache halten sollt. Ich habe euch einige Beispielgeschichten zusammengestellt, die ihr als Basis für euer Abenteuer nutzen könnt. Lest sie, wählt eine passende für eure Gruppe aus und beginnt. Wenn ihr es euch zutraut, denkt euch eine eigene Geschichte aus. Scheut euch nicht, euch von den Welten, die ihr aus Kino und Büchern kennt, inspirieren zu lassen. Ihr könnt auch Rollenspielwelten innerhalb des Harry-Potter- oder Marvel-Universums erschaffen.

Zombie-Alarm

Dieses Abenteuer ist genial, denn ihr könnt es bei euch zu Hause beginnen lassen. Jeder hat schon ein Bild vor Augen. Die Protagonisten wachen auf und sehen einen hungrigen Zombie-Mob durch die Straßen ziehen.

Sie müssen alles einpacken, was im Kampf gegen Untote hilfreich ist, und einen sicheren Platz in der Stadt finden. Sie können mit anderen Überlebenden via Funk kommunizieren, lernen, sich zu verteidigen, in Gefängnisse und Polizeistationen einbrechen und Schutzschilde und Waffen sammeln, Fahrzeuge flottmachen und benutzen, Nahrung und Benzin suchen und versuchen, eine sichere Zone zu errichten.

Die Suche nach den sieben Schwertern

Im Phantasieland Mysteria (eine Welt mit Drachen, Zwergenminen und korrupten Königen) herrscht eine dunkle Macht. Der dämonische Fürst ist den schwarzen Tiefen der Unterwelt entstiegen, um die Menschen zu vernichten.

Die Spieler sind junge Elfen mit einzigartigen Kräften. Sie müssen das Land durchqueren, auf der Suche nach den sieben Schwertern, die, wenn vereint, die Kraft besitzen, der monströsen Herrschaft ein Ende zu bereiten. Der Spielleiter kann sieben Kampagnen entwerfen (Dschungelland, Unterwassertempel, Wüstenstadt, Feuertunnel, geheimer Palast, verschneite Berge, die Kanalisation), an deren Ende jeweils eines der Schwerter wartet. Wenn alle Schwerter dann endlich vereint sind, können die Spieler versuchen, den Dämon zu besiegen.

BattleBots

Die Spieler sind eine Gruppe Ingenieure, die einen Kampfroboter für das jährliche BattleBot-Turnier bauen.

Lass sie mit einfacher Ausstattung beginnen und gib ihnen anfangs einfache Gegner. Mit jedem Kampf, den sie gewinnen, können sie bessere Panzerung, Waffen und Ausrüstung kaufen. Jede Runde ist eine neue Herausforderung; es wird von Mal zu Mal schwieriger, da auch die Gegner immer besser werden und in den Arenen große Gefahren lauern. Außerdem scheint es einen Saboteur zu geben. Wird die Gruppe das Turnier und damit den großen Preis gewinnen können?

Gejagt

Die Spieler beginnen in einem Banktresor. Bisher hat ihr Plan wie am Schnürchen geklappt, jetzt müssen sie das Geld aus den Schließfächern erbeuten und als Millionäre entkommen. Leider hat die Polizei das Gebäude umstellt und die ganze Stadt abgeriegelt.

Wenn die Bankräuber es aus dem Gebäude schaffen, müssen sie ein Fahrzeug stehlen und hinaus aufs Land und über die Grenze entkommen. Werden sie überleben? Wird der lange Arm des Gesetzes sie erwischen?

Das Geheimnis von Mettekahu

Ein Hubschrauber hat die Spieler tief im Amazonas-Dschungel abgesetzt. Ihre Rucksäcke enthalten nur einfache Ausrüstung und eine Karte des verlorenen Aztekentempels von Mettekahu.

Wenn sie es schaffen, diebische Affen, giftige Schlagen, eine Amazonas-Überquerung und eine Begegnung mit Kannibalen zu überleben, erreichen sie den Tempel. Tief in seinem Inneren ist ein kostbarer Rubin verborgen, der die Spieler unermesslich reich machen würde. Er wird jedoch von steinernen Götzen, einem merkwürdigen Rätsel und einem tödlichen Rauchmonster bewacht. Werden sie es schaffen?

KAPITEL 8

GESELLIGER ABEND

Schon seit Jahren reden deine Freunde und du davon, mal wieder einen netten Abend miteinander zu verbringen. Nie ist etwas passiert, doch nun endlich haben sie ein Datum vorgeschlagen. Der große Tag ist gekommen, sie haben teuren Wein und Blumen mitgebracht. Das ist natürlich toll, aber du hast keine Vase. Du hast einen großen Topf Chili con Carne gekocht, denn das mag schließlich jeder. Bis auf Mark, wie sich herausstellt, er verträgt nichts Scharfes, also isst er nur Knoblauchbrot.

Deine Playlist kommt gut an und euer Tischgespräch über Musik, Filme und alte Freunde läuft super. Bis zum Nachtisch, als das Gespräch eine ungute Wendung nimmt und du dich zu tief in eine politische Meinung versteigst und zurückrudern musst. Zeit für eine Ablenkung. Zeit, dafür zu sorgen, dass der Abend als legendär in die Geschichte eingeht. Zeit für ein Spiel.

Räumt den Tisch frei, schenkt Wein nach und stürzt euch auf die Spiele in diesem Kapitel. Sie sind laut, anspruchsvoll und erfrischend. Man muss sich also nicht dafür schämen, eine Partie vorzuschlagen. Ihr müsst raten, bluffen, erinnern und erschaffen. Ihr werdet nicht merken, wie die Zeit vergeht und spielen bis tief in die Nacht.

Gleich zu Beginn dieses Kapitels findet ihr auch mein Lieblingsspiel für solche Abende: ***1000 leere Karten***. Das Spiel ist so gut, dass meine Freunde ganze Spieleabende organisieren, nur um es zu spielen.

71. 1000 leere Karten

SPIELER	SCHWIERIGKEIT	SPIELDAUER
3+	**mittel**	**1 std+**

DARUM GEHT'S: Ein Kartenspiel, das immer wieder anders ist

KREATIVITÄT, MALEN, STRATEGIE, WETTKAMPF

WAS IHR BRAUCHT:

- Kräftigen Karton, geschnitten in Rechtecke, etwas größer als Spielkarten (ca. 7,5 x 6 cm). Karteikarten sind super. Ihr braucht ungefähr 100 Karten für einen Abend, also bereitet euch am besten vor.
- Stifte für alle
- Ein Blatt Papier, um Spielstände festzuhalten
- Alles, was ihr auf die Karten schreibt

UND SO GEHT'S:

Ich kann nicht oft genug sagen, wie toll dieses Spiel ist. Meine Freunde und ich spielen es so oft wie möglich. Es ist die perfekte Mischung aus Unsinn, Wettkampf, Nostalgie und Kreativität. Das Beste daran: Keine Partie gleicht der anderen und manchmal findet ihr euch mitten in einem Spiel wieder, das ihr niemals vorhergesehen habt. Glaubt mir, es ist phantastisch.

Im Grunde entwickelt sich das Spiel, während ihr es spielt. Das Ziel ist in der Regel, die meisten Punkte zu erzielen. Einmal hat aber auch jemand gewonnen, der einen Riesenroboter gebaut hat, und eine andere Partie endete in einer Präsidentschaftswahl.

Jeder fängt mit einer Hand Karten an. Manche Karten sind leer. Ihr legt Karten für euch, euren Gegenspieler oder den ganzen Tisch. Mit den leeren Karten könnt ihr spontan auf das Spiel reagieren und neue Karten herstellen, die ihr gerade braucht oder die alle zum Lachen bringen.

Im Folgenden zeige ich euch die verschiedenen Phasen des Spiels. Aber vergesst nicht: In diesem Spiel kann sich alles jederzeit ändern.

VORBEREITUNG: DIE KARTEN ZUSAMMENSTELLEN:

Wenn es eure erste Partie ist, wird das etwas länger dauern, aber keine Sorge, selbst die Vorbereitung macht schon Spaß. Jedes Spiel beginnt mit einem Stapel von 52 Karten in der Mitte des Tisches. So sollte der Stapel aussehen:

- 26 eurer liebsten Karten aus vorherigen Spielen
- 14 leere Karten
- 12 Karten, die ihr neu kreiert

Wenn es sich um eure erste Partie handelt:

- 32 Karten, die ihr mit Aufgaben oder Anweisungen verseht
- 20 leere Karten

Ihr habt in eurem Stapel also leere Karten, denen ihr erst während des Spiels eine Bedeutung gebt, und Karten, die ihr schon vorher mit Inhalt gefüllt habt. Verteilt die neuen Karten gleichmäßig (32, wenn es euer erstes Spiel ist, und 12, wenn nicht), sodass jeder dieselbe Anzahl von jeder Sorte hat.

Gebt euch 5–10 Minuten Zeit, um die Karten zu schreiben, und legt sie dann mit der Rückseite nach oben auf den Stapel in der Mitte.

WAS SCHREIBT MAN AUF DIE KARTEN?

Eine Spielkarte sollte mit einem Titel, einem Bild und einem Text versehen werden, natürlich alles auf nur einer Seite. Das ist aber keine unumstößliche Regel. Hier sind ein paar Beispiele.

Aufgaben:

Gib einem Mitspieler eine Aufgabe, mit der er Punkte erzielen oder verhindern kann, Punkte zu verlieren. Das kann eine Mutprobe, Schauspieleinlage, Sport- oder Gedächtnisübung sein. Die Karte rechts ist die älteste Karte in meinem Spiel. Ich möchte gar nicht daran denken, wie viele Menschen schon daran geleckt haben.

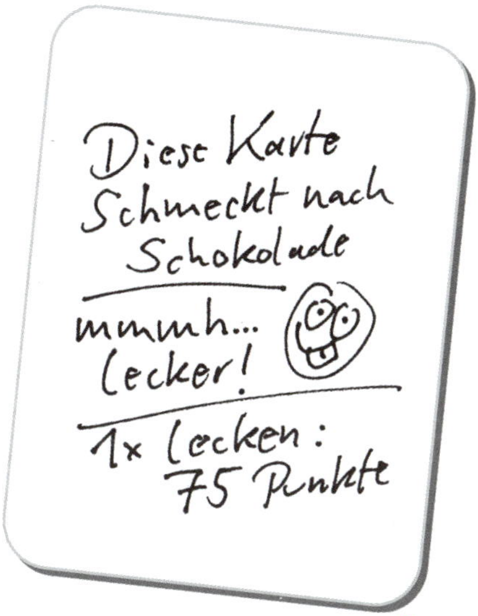

Neue Spielregeln:

Verändert das Spiel ein wenig oder gleich ganz. Ändert die Reihenfolge, lasst jemanden aussetzen oder ändert das Ziel des Spiels. Im Beispiel wird ein Spieler zum Daumen-Meister und nimmt fortan eine neue Rolle ein.

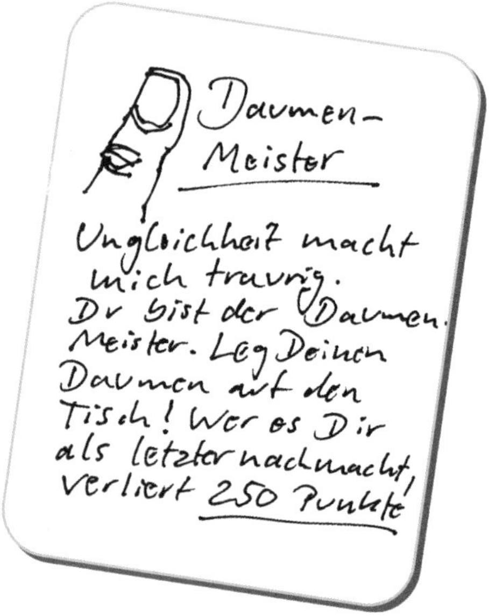

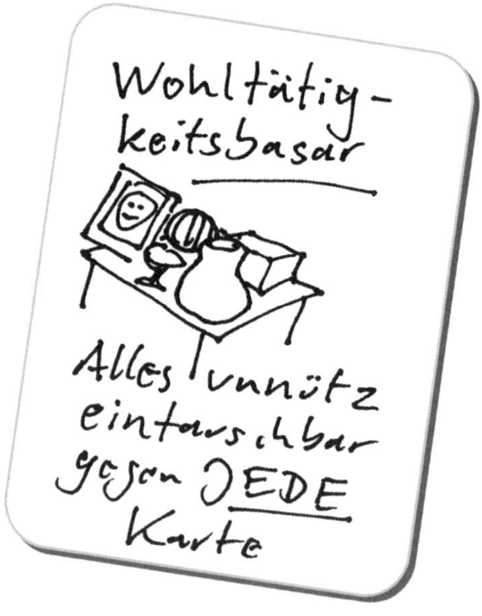

Und ansonsten:

Lasst euch nicht von Regeln einengen. Eine Karte könnte jemandem eine geheime Mission geben. Oder einfach nur schön aussehen. Sie könnte für alle gelten oder nur für eine Person. Macht, was ihr wollt!

Es fühlt sich falsch an, zu viele Beispiele zu geben, denn dieses Spiel lebt von eurer Kreativität. Wenn ich euch aber eine kleine Starthilfe geben kann, freue ich mich. Daher hier ein paar Anregungen.

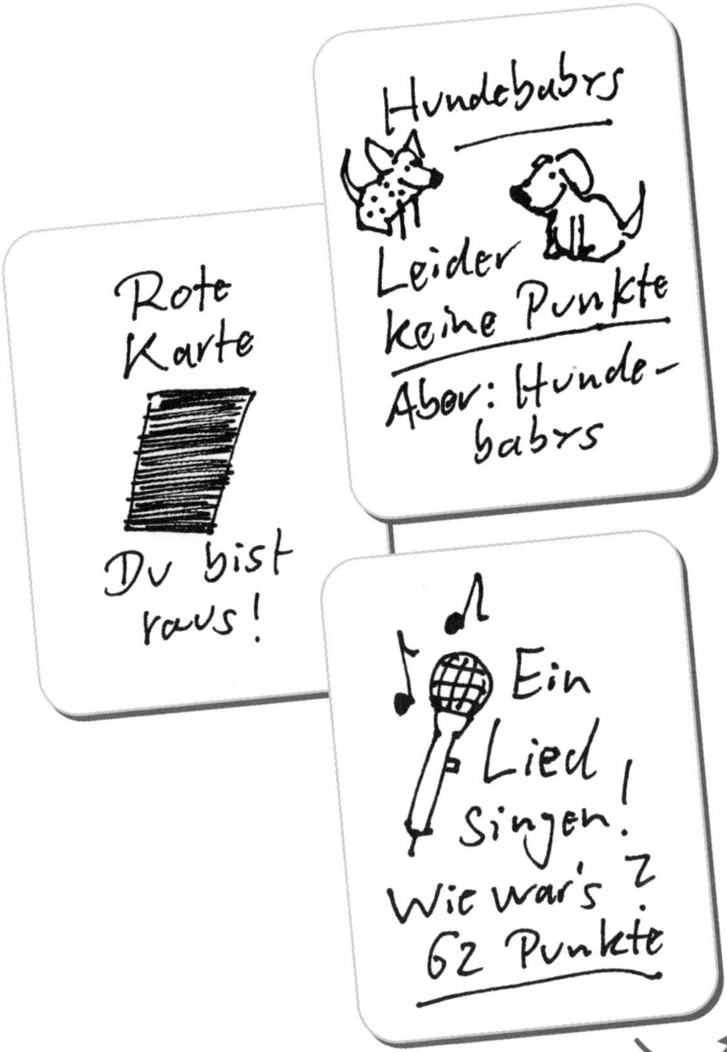

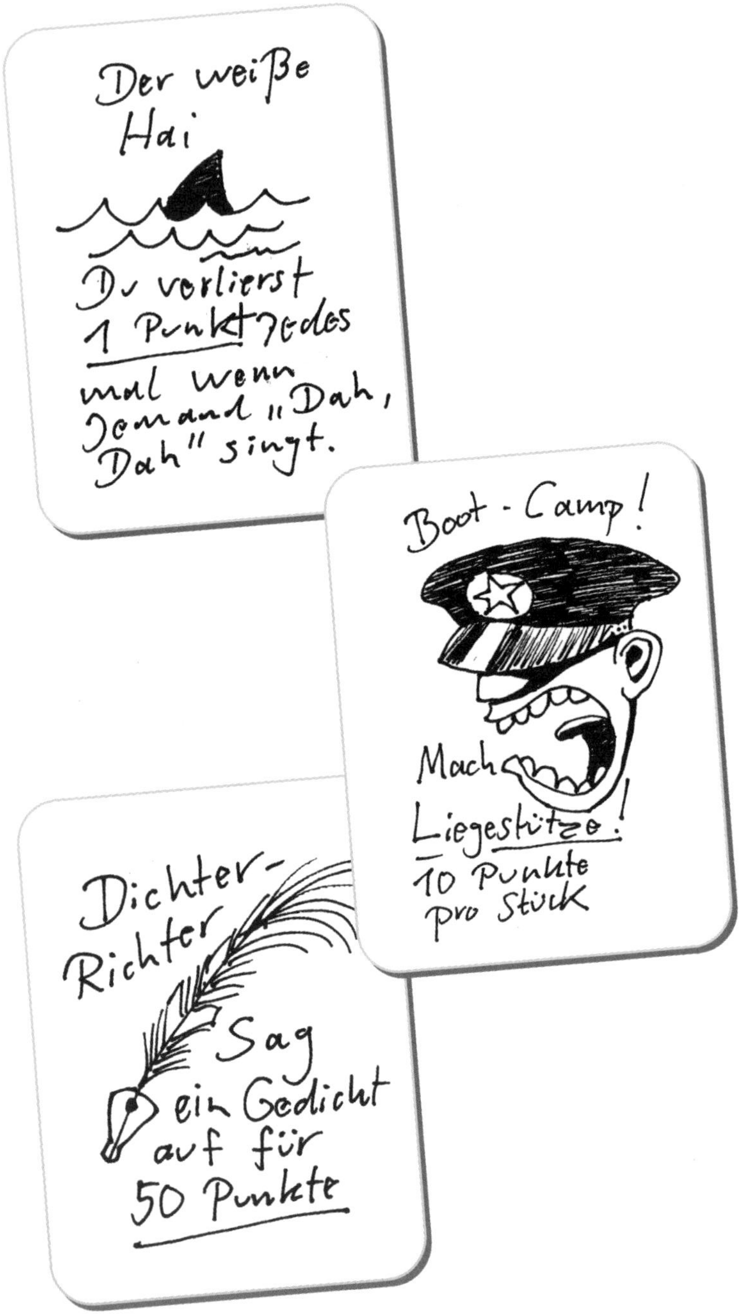
Der weiße Hai
Du verlierst 1 Punkt jedes mal wenn jemand „Dah, Dah" singt.
Boot-Camp!
Mach Liegestütze!
10 Punkte pro Stück
Dichter-Richter
Sag ein Gedicht auf für 50 Punkte

DAS SPIEL BEGINNT:

Wenn ihr die richtige Anzahl alter, neu beschrifteter und leerer Karten zusammengestellt habt, mischt das Spiel. Jeder Spieler erhält fünf verdeckte Karten. Ein Spieler hat die schwierige Aufgabe, die Punktestände zu notieren. Alle Spieler sollten ihn dabei unterstützen.

Der Spieler, der als Baby am hässlichsten war, beginnt und legt eine offene Karte entweder vor einen Mitspieler, vor sich selbst oder für alle in die Mitte des Tisches. Die Karte gilt für die Person, die sie vorgelegt bekommen hat. Der Empfänger bekommt nun Punkte oder muss eine Aufgabe erfüllen. Nach dem Ablegen zieht ihr immer eine neue Karte.

Die Regeln sind schwer zu erklären, weil es keine Regeln gibt. In der Regel läuft das Spiel im Uhrzeigersinn (es sei denn, es läuft anders herum) und die Spieler legen Karten vor einander und ziehen dann eine neue Karte (es sei denn, die Regel besagt etwas anderes). Spieler dürfen bereits gespielte Karten nicht wieder aufnehmen (es sei denn, sie dürfen).

Karten, die euch Punkte verschaffen, bleiben vor euch liegen, zählen aber nur einmal. Karten mit einer andauernden Aufgabe (beispielsweise ‚Rede wie ein Pferd!') behalten für die gesamte Dauer des Spiels ihre Gültigkeit, es sei denn, eine andere Karte neutralisiert sie.

Wenn du eine leere Karte hast, kannst du jederzeit etwas darauf malen oder schreiben. Es ist ratsam, diese Karten bis zum Schluss aufzubewahren, damit du auf bereits gespielte Karten reagieren kannst. Wenn zum Beispiel jemand eine Karte gegen dich spielt, auf der steht: ‚Der Boden ist Lava! Du darfst den Boden nicht berühren', dann kannst du eine Karte malen, auf der ‚Plötzlicher Wintereinbruch, Bodenfrost!' zu lesen ist. Wenn eine Karte von einer anderen neutralisiert wird, verliert sie ihre Wirkung. Obwohl … auch das könnt ihr frei entscheiden!

Wenn unklar ist, was eine Karte bedeutet, entscheidet die Gruppe. Das passiert manchmal und bringt interessante Situationen mit sich.

Ihr werdet schnell herausfinden, dass es sinnlos ist, gewinnen zu wollen. Man könnte sich selbst eine Karte schreiben, auf der steht ‚Du gewinnst!', aber dann schreibt der nächste ‚Stimmt nicht!' und neutralisiert deine Karte. Ehrlich gesagt, wenn du spielst, um zu gewinnen, ist dies das falsche Spiel für dich.

ENDE DES SPIELS:

- Das Spiel endet, wenn es keine Karten mehr gibt (oder auf den Karten etwas steht, das das Spiel beendet). Der Mitspieler, der die Spielstände notiert hat, kann nun den Gewinner, Verlierer und alle sonstigen Auszeichnungen und Preise bekannt geben. Einmal hatten wir drei verschiedene Gewinner: Ich hatte die meisten Punkte, Isaac das meiste Geld und John die meisten Hundebabys.
  Wie es auch ausgeht, jetzt ist Zeit, die Karten einzusammeln und die letzte Phase einzuläuten:

DIE ANALYSE:

- Dieser Teil ist sehr unterhaltsam und wichtig, also überspringt ihn nicht. Sprecht über jede Karte auf dem Tisch und entscheidet gemeinsam, ob ihr sie beim nächsten Spiel wieder verwenden wollt. Nicht vergessen: Jedes Spiel beginnt mit 26 Karten aus der vorherigen Partie. Wenn ihr euch geeinigt habt, legt die 26 Karten für das nächste Spiel zur Seite. Bewahrt die anderen Karten auf und erstellt ein Archiv. Es ist witzig, sie später noch einmal anzusehen.
  Dieses Spiel bietet so viel Spaß, wie ihr daraus macht. Manche wollen vielleicht strengere Regeln oder sind frustriert, wenn sie gute Karten malen, aber trotzdem nicht gewinnen. Wartet einfach ab, dieses Spiel gibt euch weitaus mehr als jedes andere Spiel in diesem Buch.
  Außerdem: Wenn ihr einmal angefangen habt, ist es sehr schwer, wieder aufzuhören. Ihr werdet nicht wissen, wo die Zeit geblieben ist.

72. Stadt, Land, Fluss Deluxe

SPIELER	SCHWIERIGKEIT	SPIELDAUER
2+	**mittel**	**1 std**

WORTSCHATZ, STRATEGIE, WETTKAMPF

DARUM GEHT'S: Das Alphabet, verschiedene Kategorien. Findet passende Begriffe, bevor euch die Zeit ausgeht.

WAS IHR BRAUCHT:

- Papier und Stifte für alle
- Die Kategorien-Liste (Seiten 267–277), kopiert oder abgeschrieben, dann ausgeschnitten und gefaltet. Steckt die Zettel in einen Topf oder Hut und mischt sie gut.
- Die Buchstaben des Alphabets, einzeln auf Zetteln in einem anderen Topf (verzichtet auf Buchstaben, die euch zu schwer erscheinen). Alternativ könnt ihr online nach einem Buchstaben-Generator suchen.
- Countdown-Timer (Eieruhr oder Smartphone)
- Zugang zum Internet, um die Antworten zu überprüfen.

UND SO GEHT'S:

Zieht für jede Runde willkürliche Kategorien aus dem entsprechenden Topf. Wie viele ihr zieht, bleibt euch überlassen, aber fünf ist eine gute Anzahl. Legt sie in die Mitte, wo man sie gut sehen kann.

Als Nächstes zieht ihr einen Buchstaben, lest ihn laut vor und startet sofort den Timer. Ich empfehle 1 Minute, aber das ist eure Sache.

Bis der Timer stoppt, habt ihr Zeit, jeweils ein Wort oder einen Ausdruck für jede eurer Kategorien aufzuschreiben. Der Satz oder das Wort müssen mit dem gezogenen Buchstaben beginnen.

Wenn es fünf Kategorien gibt, solltet ihr die Zahlen 1–5 in Spalten schreiben, damit klar ist, welcher Begriff zu welcher Kategorie gehört.

Ist die Zeit abgelaufen, vergleicht eure Antworten. Einige Antworten werdet ihr eventuell im Internet überprüfen müssen.

Solltet ihr auch dort keine Informationen finden, entscheidet als Gruppe. Für jede akzeptable Antwort bringt einen Punkt.

Die erste Person mit 50 Punkten gewinnt. Oder mit 20 Punkten. Oder 40.000. Wer bin ich schon, euch etwas vorzuschreiben.

BEISPIEL:

Die gezogenen Kategorien sind ‚Superhelden', ‚Gemüse', ‚Filme', ‚Dinge, die man versteckt', ‚große Dinge'. Der Buchstabe ist S.

Spieler 1 schreibt:

1. Superman
2. Sauerkraut
3. Scream
4. Sacharose
5. See

Spieler 2 schreibt:

1. Spider-Man
2. Süßkartoffel
3. San Andreas
4. Schmunzeln
5. –

Die Spieler entscheiden, dass Sauerkraut nicht als Gemüse anerkannt wird, weil es ein Gericht aus einem anderen Gemüse (Weißkohl) ist, und dass man Sacharose, also Zucker, nicht verstecken muss. Spieler 1 argumentiert, dass es in vielen Lebensmitteln versteckten Zucker gibt. Die anderen lassen sich überzeugen und geben ihm den Punkt. Spieler 1 bekommt 4 Punkte.

Die Antwort ‚San Andreas' von Spieler 2 muss die Gruppe im Internet überprüfen. Ja, es ist ein Film (ein schrecklicher zwar, aber ein Film). Spieler 2 sagt, er darf im Unterricht nicht schmunzeln, weil er sonst nachsitzen muss. Spieler 2 bekommt ebenfalls 4 Punkte.

TIPP:

- ► Wenn euch zu einer Kategorie gar nichts einfällt, denkt an zusammengesetzte Begriffe. Küchenschere beginnt mit K, auch wenn Schere mit S beginnt.

LEVEL UP:

- ► Wenn ihr viele Spieler seid, legt fest, dass nur solche Begriffe Punkte ergeben, die niemand sonst auf seiner Liste hat. Wenn zwei Spieler ‚Superman' schreiben, bekommt keiner den Punkt. So müsst ihr euch originellere Antworten einfallen lassen. Da das eine größere Herausforderung ist, könnt ihr die Zeit länger laufen lassen.
- ► Man kann das Spiel auch so spielen, dass die Spieler jederzeit ‚Stoppt die Uhr!' rufen können und keiner mehr weiterschreiben darf. Wenn der Spieler, der gerufen hat, gewinnt, werden seine Punkte verdoppelt; wenn er aber nicht gewinnt, bekommt er überhaupt keine Punkte. Wer riskiert es?

73. Was wäre dir lieber?

SPIELER	SCHWIERIGKEIT	SPIELDAUER
2+	**leicht**	**20 min+**

KREATIVITÄT, KOMMUNIKATION, ENTSPANNUNG

DARUM GEHT'S: Würdest du lieber Zehen statt Finger haben, oder Finger statt Haaren?

WAS IHR BRAUCHT:

- keine Hilfsmittel erforderlich

UND SO GEHT'S:

Es gibt keine skurrilere Art, das Abendessen zu verdauen, als ein paar Runden lang dieses Spiel zu spielen. Es macht außerdem jede Menge Spaß und fördert eure Kreativität.

Denkt euch zwei Möglichkeiten aus, die entweder beide schrecklich oder beide großartig sind und präsentiert sie euren Mitspielern nach dem Schema ‚Würdest du lieber ____ oder ____?', oder ‚Hättest du lieber ____ oder ____?'

Jetzt müssen die Mitspieler diskutieren, für welche Option sie sich entscheiden. Das funktioniert am besten, wenn ihr den Gedanken in aller Konsequenz zu Ende denkt. Wie wäre es am ersten Tag, eine Woche später oder gar erst nach zwanzig Jahren?

Das Spiel geht immer weiter. Der Wettkampf besteht einzig daraus, wer die beste ‚Würdest du lieber?'/‚Hättest du lieber?'-Frage stellt.

BEISPIEL:

Beginnt mit diesen Fragen, dann denkt euch eigene aus:

- Würdest du lieber frieren, immer wenn es kalt ist, oder zerfließen, immer wenn es heiß ist?
- Würdest du lieber alles über die Zukunft wissen oder alles über die Vergangenheit?
- Würdest du lieber singen, wann immer du etwas sagen willst, oder lachen, wann immer wenn du weinen musst?
- Hättest du lieber einen Elefantenfuß oder zwei Entenbeine?
- Hättest du lieber die Gabe, mit Tieren zu sprechen, oder dein Gehirn ans Internet anzuschließen?
- Wärst du lieber arm, aber beliebt oder reich und verhasst?
- Würdest du lieber nie mehr in deinem Leben Schokolade essen oder alles in Schokolade verwandeln?

- Würdest du lieber für den Rest deines Lebens drinnen oder draußen leben?
- Würdest du lieber dasselbe Gericht deiner Wahl jeden Tag essen oder jeden Tag ein anderes, das du dir nicht aussuchen kannst?
- Würdest du lieber einen Drachen besitzen oder selbst ein Drache sein?
- Was würdest du lieber können: fliegen oder unter Wasser atmen?
- Hättest du lieber Füße anstelle deiner Händen oder Finger statt Haaren?
- Würdest du Gedanken lieber lesen oder beeinflussen können?
- Hättest du lieber einen Elefantenrüssel oder einen Giraffenhals?
- Was wäre dir lieber: barfuß den London-Marathon laufen oder mit den Socken aller Läufer in einem Raum eingesperrt sein?

74. Reim-Schleim

SPIELER	SCHWIERIGKEIT	SPIELDAUER
2+	**mittel**	**30 min**

DARUM GEHT'S: Findet Reimwörter, die nicht zusammengehören ... und erklärt, warum sie doch zusammenpassen.

REIMEN, KOMMUNIKATION, TEAMWORK, KREATIVITÄT

WAS IHR BRAUCHT:

- keine Hilfsmittel erforderlich

UND SO GEHT'S:

Dieses Spiel habe ich meinem Kumpel Charlie zu verdanken. Es ist perfekt, um die ausschweifenden Gespräche nach dem Essen zu unterbrechen. Findet Wörter, die sich reimen, aber auf den ersten Blick überhaupt nicht zusammenpassen. ‚Schul-Pool' oder ‚Haus-Maus' sind schlechte Beispiele, weil diese Begriffe gut zusammenpassen.

Ihr müsst nach etwas suchen wie ‚Dosen-Hosen' oder ‚Rock-Pflock'. Die Aufgabe eurer Mitspieler ist es, euch davon zu überzeugen, dass die beiden Wörter überraschenderweise doch zusammenpassen. ‚Reim-Schleim' ist schließlich eine ganz normale und alltägliche Sache. Das Ministerium für Kunst und Kultur hortet große Mengen davon in unterirdischen Bunkern. Dichter mit Schreibblockade können einen Antrag auf ein Bad im Reim-Schleim stellen. Er fördert die Kreativität und pflegt die Haut. So wird das kulturelle Leben aufrechterhalten.

Dosen-Hosen sind ebenfalls nicht ungewöhnlich. Seeleute haben immer welche in ihrem Seesack. Dosen-Hosen haben zwei entscheidende Vorteile: Sie sind wasserdicht und haben ein kleines Packmaß.

Auch ein Rock-Pflock wird gerne genutzt. Bei lauten Rockkonzerten kann man ihn in den Boden rammen und sich daran festbinden, damit man nicht von Powerchords und schnellen Riffs hinweggefegt wird.

Wie ihr seht, hat dieses Spiel eine ziemlich freie Struktur. Es geht einfach darum, einander davon zu überzeugen, dass selbst die unmöglichsten Kombinationen von Reimwörtern absolut Sinn ergeben. Wenn der Abend in eine Diskussion darüber abdriftet, wie viel Reim-Schleim das Ministerium im Jahr wohl verbrauchen mag, dann war dieses Spiel erfolgreich. Gewonnen hat, wer als Erstes Spaß hat.

LEVEL UP:

- Bei diesem Spiel geht es um Zusammenarbeit, nicht um Wettkampf. Wenn ein Mitspieler eine gute Idee hat, wie man die Kombination von zwei Begriffen begründen kann, dann unterstützt ihn, indem ihr seine Ausführungen ergänzt Ausführungen, sobald er ausgesprochen hat. Widersprecht euch nicht, sonst endet es schnell in einer Diskussion, wer recht hat und wer nicht. Spielt miteinander, nicht gegeneinander.

75. Zwei Wahrheiten und eine Lüge

SPIELER	SCHWIERIGKEIT	SPIELDAUER
2+	**mittel**	**30 min**

KREATIVITÄT, RÄTSEL, STRATEGIE, KOMMUNIKATION

DARUM GEHT'S: Treffe drei Aussagen, eine davon ist eine Lüge. Kommen die anderen dahinter, welche es ist?

WAS IHR BRAUCHT:

- Stift und Papier, um Spielstände und eure Behauptungen zu notieren, falls die Mitspieler ein schlechtes Gedächtnis haben

UND SO GEHT'S:

Dieses Spiel ist super, wenn du deine Gäste noch nicht gut kennst, das aber ändern möchtest. Falls du glaubst, schon alles über deine Gäste zu wissen, erfährst du so, dass du falsch gedacht hast.

Ein Spieler beginnt und ist der erste ‚Lügner'. Er nennt zwei wahre Fakten über sich, die die anderen nicht wissen können. Wenn du der Lügner bist, denke an alles, was du erlebt hast, Orte die du besucht und Menschen, die du getroffen hast. Dann denke dir eine Unwahrheit aus: etwas, das zwar gelogen ist, aber genauso gut wahr sein könnte.

Sprich die Aussagen erst nur für dich in deinem Kopf aus und übe, die Lüge wie eine Wahrheit klingen zu lassen.

Jetzt macht der Lügner alle drei Aussagen mit der Lüge an einer beliebigen Stelle. Die Mitspieler müssen raten, welche Aussage gelogen ist. Wenn alle ihren Tipp abgegeben haben, gibt der Lügner bekannt, welche der drei Aussagen falsch war. Jeder Mitspieler, der richtig lag, bekommt einen Punkt. Der Lügner bekommt einen Punkt für jeden Mitspieler, den er an der Nase herumgeführt hat.

Haltet die Spielstände auf einem Zettel fest. Jetzt ist der nächste Spieler an der Reihe. Versucht, so lange zu spielen, dass jeder viermal an der Reihe war, bevor ihr das Endergebnis verkündet.

BEISPIEL:

Lügner: „Hier sind meine drei Aussagen:

A: Ich hatte einen imaginären Freund namens Schmutzfuß. Er war ein Bulle.

B: Ich bin einmal auf einem zahmen Bullen namens Pavel geritten.

C: Ich wurde einmal von einem Bullen den Strand entlang gejagt."

Spieler 1: „Ich glaube, es ist C. Was macht ein Bulle am Strand?"

Spieler 2: „Ich nehme B. Ich wüsste davon, wenn du das gemacht hättest."

Spieler 3: „Gutes Argument. Ich nehme auch B."

Lügner: „Korrekt, B war gelogen."

Spieler 2 und 3 bekommen jeweils einen Punkt für die richtige Antwort; der Lügner bekommt einen Punkt dafür, Spieler 1 reingelegt zu haben.

TIPPS:

- Habt ihr bemerkt, wie es für Spieler 3 einfacher wurde, nachdem Spieler 2 sagte, er kenne die Antwort? Verratet nicht zu viel, ihr wollt doch nicht, dass andere Punkte für euer Wissen einheimsen. Vielleicht könntet ihr sogar fälschlicherweise vorgeben, es nicht genau zu wissen …

- Wenn euch keine Lüge einfällt, variiert eine der wahren Geschichten. Ist euch aufgefallen, dass in allen Behauptungen ein Bulle vorkam?

- Es mag trivial erscheinen, aber passt auf, dass ihr eure Lüge nicht immer an der gleichen Stelle erzählt. Das hat mit Spieltheorie zu tun und ich muss aufpassen, was ich sage. Der Kern der Sache ist folgender: Wo auch immer du spontan seine Lüge platzieren würdest … platziere sie woanders. Oder, wenn die Mitspieler denken, dass du genau das tust, dann mach das Gegenteil. Mach einfach irgendetwas. Ich bin verwirrt.

LEVEL UP:

- Wollt ihr mehr? Wie wäre es damit: Jeder denkt an ein wichtiges Ding aus seiner Vergangenheit. Das kann ein Teddybär, ein Tretroller oder ein Baum sein. Ihr könnt euch auch einen Gegenstand ausdenken. Egal, ob wahr oder gelogen - beschreibt den Gegenstand und warum er euch wichtig ist.
- Was habt ihr damit gemacht, wo ist er jetzt und so weiter. Wenn ihr fertig seid, müssen die anderen entscheiden, ob der Gegenstand real ist oder nicht. Das macht Spaß, denn für die, die sich etwas ausdenken, ist es witzig, so zu tun, als hätten sie nostalgische Gefühle für etwas, das sie sich eben erst ausgedacht haben.
- Ich habe eine Episode des Adam-Buxton-Podcasts gehört, wo er und der Komiker Jayde Adams dieses Spiel mit alten Schulfreuden gespielt haben. Nenne zwei echte Schulfreunde und einen imaginären. Nennt nur ihre Namen und jeweils einen ergänzenden Satz.
- Die anderen müssen raten, welches das erfundene Kind ist. Sich falsche Namen auszudenken macht Spaß, besonders wenn man sich dazu noch die Persönlichkeit ausdenkt. (Wenn dir diese Variante gefällt, werde doch Autor. Dann machst du nichts anderes mehr.)

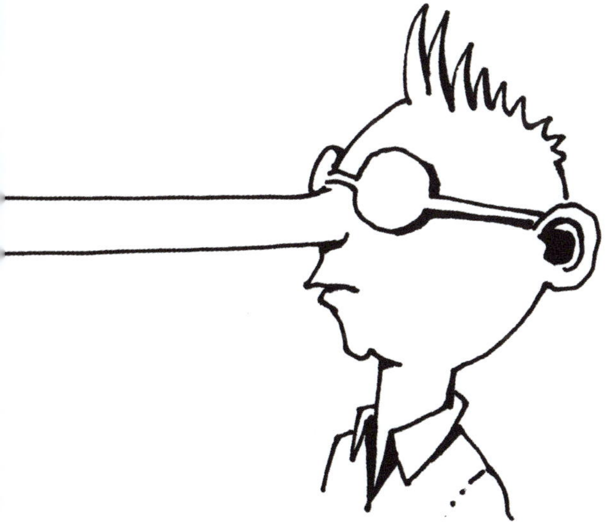

76. Keine Hunde mehr

SPIELER	SCHWIERIGKEIT	SPIELDAUER
2+	**schwer**	**unendlich**

DARUM GEHT'S: Trefft eure Wahl unter einer schrumpfenden Menge an Promis und macht es euren Gegenspielern immer schwerer.

GEDÄCHTNIS, STRATEGIE, KREISSPIEL

WAS IHR BRAUCHT:

- keine Hilfsmittel erforderlich

UND SO GEHT'S:

Dieses Spiel wurde von den britischen Comedians Mark Watson, Alex Horne und Tim Key ins Leben gerufen. Es ist einfach zu lernen, aber schwer zu spielen und Erwachsene werden mehr Spaß damit haben als Kinder.

Der erste Spieler nennt eine bekannte Persönlichkeit (lebend, tot, real, fiktiv, egal) und eliminiert damit jede weitere Figur dieser Kategorie. Er könnte sagen: ‚Queen Elizabeth II., keine Frauen mehr'

Der nächste Spieler muss jemanden nennen, der nicht in diese Kategorie fällt und dann seinerseits eine Kategorie ausschließen. Das Spiel geht immer so weiter, bis einem Spieler kein neuer Name mehr einfällt, der in noch keine der bereits ausgeschlossenen Kategorien gehört.

BEISPIEL:

Spieler 1: „Queen Elizabeth II., keine weiteren Frauen."

Spieler 2: „Scooby-Doo, keine Hunde mehr."

Spieler 3: (Spieler 3 hat es noch relativ einfach: nur Frauen und Hunde sind bisher verboten) „Gary Barlow, keine weiteren Engländer."

Spieler 4: „Andy Murray. Keine realen Personen mehr."

Spieler 1: „Graf Dracula. Keine Figuren mehr, die mit G beginnen."

(An diesem Punkt muss sich Spieler 2 schon sehr viel merken. Er darf keine Frau, keinen Hund, keinen Engländer, keine reale Person mehr nennen und niemanden, der mit G beginnt).

Spieler 2: „Harry Potter."

Harry Potter ist aber Engländer. Spieler 2 verliert die Runde.

TIPPS:

- Es gibt zwei verschiedene Arten von Regeln. Es gibt Regeln, welche die meisten möglichen Antworten ausschließen. Diese erschweren das Spiel, sind aber leicht zu merken. Es gibt aber auch die hinterhältigen Regeln (‚keine Hunde mehr!'), die die anderen sofort vergessen, weil sie sich schon genug merken müssen und es unwahrscheinlich ist, dass sie gegen ausgerechnet diese Regel verstoßen. Fünf Minuten später nennt jemand einen Hund und verliert.
- Wenn schon jemand alle Verstorbenen ausgeschlossen hat, dann verbietet nicht auch noch die Lebenden. Das würde euch nur noch mit Zombies zurücklassen und das will doch keiner. Das gleiche gilt für real/fiktiv, jung/alt, und alle anderen Gegensätze. Seid kreativer als das.
- Vergesst nicht, dass eure Regeln alle Eigenschaften einer Person beinhalten können. Denkt nicht nur an die Berufe.

LEVEL UP:

- Watson, Horne und Key haben das Spiel mit einer Schachuhr gespielt. Immer, wenn ihr ein Wort sagt, startet den Timer eures Gegners und setzt ihn unter Druck. Wer die Zeit überschreitet, verliert. Das ist viel nervenaufreibender und man braucht eine Schachuhr (die ich nicht habe), aber es scheint Spaß zu machen.

77. Akronymia

SPIELER	SCHWIERIGKEIT	SPIELDAUER
1+	**schwer**	**10 min pro Wort**

DARUM GEHT'S: Das beste Akronym gewinnt.

KREATIVITÄT, LACHEN, WETTKAMPF

WAS IHR BRAUCHT:

- Zettel und Stift

UND SO GEHT'S:

Ein Akronym ist eine Abkürzung – ein Wort, das sich aus den Anfangsbuchstaben eines Ausdrucks bildet. ‚UK' steht beispielsweise für 'United Kingdom', ‚SCUBA' für ‚Self-Contained Underwater Breathing Apparatus'. Wer hätte das gedacht?

Bei diesem Spiel geht es darum, einen Ausdruck zu einem vorgegebenen Akronym zu bilden. Der Spielleiter schreibt eine beliebige Buchstabenfolge (drei bis sechs funktionieren am besten) auf ein Blatt Papier und legt es für alle gut sichtbar in die Mitte. Die Mitspieler müssen sich nun einen Ausdruck ausdenken, dessen Anfangs-Buchstaben das Akronym bilden.

Ihr könnt das Akronym schriftlich festhalten, aber warum nicht einfach alles im Kopf erledigen? So jongliert ihr viel schneller mit euren Ideen und spart Papier. Die Umwelt wird es euch danken.

Nach Ablauf einer Minute gibt jeder Spieler seinen Ausdruck für das Acronym bekannt. Die Mitspieler dürfen kommentieren, aber der Spielleiter entscheidet, wer gewinnt. Es kann zum Beispiel die lustigste, die realistischste oder auch die kreativste Lösung gewinnen.

Wenn euch Spielstände wichtig sind, vergebt 1 Punkt pro gewonnener Runde. Ich empfehle jedoch, keine Punkte zu vergeben, sondern den Gewinner einer Runde zum Spielleiter der nächsten Runde zu erklären, damit er sich eine neue Buchstabenkombination ausdenken kann.

BEISPIEL:

Der Spielleiter schreibt KNBRL. Ihr habt eine Minute Zeit oder bis alle eine Lösung haben.

Spieler 1: „Kann Norbert bitte Russisch lernen?"
Spieler 2: „Käse nicht biegen, rutscht leicht!"
Spieler 3: „Kollektiv narzisstischer bewaffneter Rabauken und Logopäden."

Der Spielleiter entscheidet, dass die Antwort von Spieler 2 die beste war. Spieler 2 ist an der Reihe, eine Buchstabenfolge vorzugeben.

TIPPS:

- Eure Akronyme können einfache, lustige Sätze sein wie bei Spieler 1 oder der Name einer Gruppe, Initiative oder eines Projekts, wie bei Spieler 3.
- Wenn euch nichts einfällt, fangt mit dem ‚seltensten' Buchstaben an und arbeitet euch von dort aus vor.
- Ihr dürft kleine, unwichtige Wörter zwischen den Hauptbegriffen einbauen, siehe Spieler 3. Das mag weniger befriedigend sein und nicht gut ankommen, im echten Leben wird es aber ständig so gemacht.

LEVEL UP:

- Wenn ihr eine größere Gruppe seid (sechs und mehr Spieler) und jeder von euch ein Blatt hat, spielt doch diese etwas anspruchsvollere Variante: Alle schreiben ihren Ausdruck auf ihren Zettel und reichen ihn dem Spielleiter. Dieser liest nun alle Lösungen vor, ohne zu sagen, von wem welcher Ausdruck stammt, und die Gruppe entscheidet, wer gewonnen hat. Man darf natürlich auch für die eigene Lösung stimmen. Der Spieler mit den meisten Stimmen bekommt einen Punkt und darf neue Buchstaben für die nächste Runde zusammenstellen.

78. Wörterbuch der Unwahrheiten

SPIELER	SCHWIERIGKEIT	SPIELDAUER
2+	**schwer**	**30 min+**

DARUM GEHT'S: Absurde Wortdefinitionen sind ein Riesenspaß.

SCHREIBEN, GRAMMATIK, ENTSPANNUNG

WAS IHR BRAUCHT:

- so viele Wörterbücher wie möglich (oder das Internet)
- Stifte und Papier für alle Spieler
- Etwas, um eure Zettel zu verdecken, also Bücher, Zeitschriften oder Blöcke

UND SO GEHT'S:

Man braucht etwas Zeit für dieses Spiel, aber es ist ideal, wenn man nach dem Abendessen in geselliger Runde entspannen möchte. Reicht das Wörterbuch von Spieler zu Spieler. Jeder schlägt eine beliebige Seite auf und sucht ein Wort aus, von dem er glaubt, dass es niemand kennt. Schreibt das Wort und seine Definition auf und denkt euch zwei weitere falsche Definitionen aus. Diese müssen so klingen, als wären es echte Einträge. Das Ziel ist, die anderen Spieler davon zu überzeugen, dass eine eurer ausgedachten Definitionen die richtige ist.

Achtet auf die Wortart. Je nachdem, ob ihr ein Nomen (eine Sache), ein Verb (eine Handlung) oder ein Adjektiv (eine Beschreibung) ausgewählt habt, müsst ihr eure Definition anpassen.

Wenn alle Spieler fertig sind, liest der erste Spieler sein Wort mehrmals vor, dann die drei Definitionen. Verändert die Reihenfolge der Definitionen, lest also nicht immer die wahre Definition an erster Stelle vor.

Die anderen Spieler müssen sich für eine der drei Antworten entscheiden, und zwar in Teamwork. Also muss die Gruppe gemeinsam zu einer Entscheidung kommen.

Danach gibt der Spieler die korrekte Definition bekannt. Wenn er die anderen an der Nase herumführen konnte, bekommt er einen Punkt. Spielt, bis jeder einmal an der Reihe war, dann fangt wieder von vorne an.

BEISPIEL:

‚Quinzee', ein Substantiv. Was bedeutet es?

a) fünfrädriger Wagen

b) eine Armbrust

c) ein Schneeunterschlupf

(Antwort: C! Wenn ihr falsch lagt, bekomme ich einen Punkt.)

TIPP:

- Übt die echte Definition im Kopf. Wenn ihr beim Vorlesen stockt, ist allen anderen klar, dass ihr sie nicht selbst geschrieben habt, und euer Bluff fliegt auf.

79. Botticelli

SPIELER	SCHWIERIGKEIT	SPIELDAUER
2+	**schwer**	**20-30 min**

DARUM GEHT'S: Ein lustiges Ratespiel mit Promis und interessanten Regeln.

GEDÄCHTNIS, KREISSPIEL, ENTSPANNUNG

WAS IHR BRAUCHT:

- keine Hilfsmittel erforderlich

UND SO GEHT'S:

Ich habe dieses Spiel als ‚schwer' gekennzeichnet, weil ihr euch mit Promis gut auskennen müsst. Kinder könnten schnell frustriert sein.

Ein Spieler ist der Promi, eine berühmte Person aus Gegenwart oder Vergangenheit. Es muss ein Promi sein, den jeder Mitspieler kennt, sonst funktioniert das Spiel nicht.

Der Promi gibt am Anfang einen Hinweis auf seine Identität: Den Anfangsbuchstaben seines Namens. Er könnte sagen: ‚Mein Familienname beginnt mit S.'

Jetzt müssen die anderen Spieler raten, um wen es sich handelt. Die Art der Fragen ist jedoch festgelegt: Es müssen Ja-/Nein-Fragen sein. Wenn beispielsweise ein Spieler Arnold Schwarzenegger für die Lösung hält, könnte er fragen ‚Hast du den Terminator gespielt?'

Drei Dinge können jetzt passieren:

- Wenn der Spieler richtig geraten hat, antwortet der Promi ‚Ja, ich bin Arnold Schwarzenegger.' Der Spieler gewinnt und darf der nächste Promi sein.
- Der Spieler liegt falsch, der Promi weiß aber, von wem er redet. Der Promi antwortet: ‚Nein, ich bin nicht Arnold Schwarzenegger' und der nächste Spieler ist an der Reihe.
- Wenn der Promi nicht weiß, auf wen die Frage des Spielers abzielt, dann darf der Spieler eine offene Frage stellen (alle Fragen sind erlaubt, solange nicht nach dem Namen oder Teilen des Namens gefragt wird).

Der Spieler kann beispielsweise fragen: ‚Wie alt bist du?' Die Antwort des Promis wird helfen, den Kreis der möglichen Lösungen einzugrenzen.

Dieses Spiel macht Spaß, weil es alle Spieler fordert. Die Ratenden müssen hinter den gesuchten Namen kommen und der Promi muss herausfinden, nach wem die Ratenden fragen. Wenn ihr unsicher seid, schaut euch einfach das Beispiel an.

BEISPIEL:

(Spieler 1 hat Winston Churchill gewählt).

Spieler 1: „Mein Nachname beginnt mit C."

Spieler 2: „Ok. Hast du in Schwarz-Weiß-Filmen mitgespielt?"

Spieler 1: „Nein, ich bin nicht Charlie Chaplin."

Spieler 3: „Hast du All I want for Christmas gesungen?"

Spieler 1: „Nein, ich bin nicht ... ähm ..."

Spieler 3: „Mariah Carey! Ich darf eine offene Frage stellen. Welche Nationalität hast du?"

Spieler 1: „Britisch."

Spieler 4: „Bist du in der Jury von The X-Factor?"

Spieler 1: „Nein, ich bin nicht Simon Cowell."

Spieler 2: „Spielst du James Bond?"

Spieler 1: „Nein, ich bin nicht ... verflixt ... Wen meinst du?"

Spieler 2: „Daniel Craig! Freie Frage! Was ist dein Beruf?"

Spieler 1: „Politiker.'"

Spieler 3: „Oh, ich weiß es. Warst du während des 2. Weltkriegs im Amt?"

Spieler 1: „Ja, ich bin Winston Churchill."

TIPPS:

- Geht die Berufe berühmter Persönlichkeiten mit C im Kopf durch.
- Vielleicht hilft ein zweiter Buchstabe. Geht das Alphabet durch (Ca, Ce, Ch, ...), eventuell bringt euch das auf weitere Nachnamen.

80. Pärchenjagd

SPIELER	SCHWIERIGKEIT	SPIELDAUER
5+	**schwer**	**15 min pro Runde**

DARUM GEHT'S: Zwei Spieler haben das geheime Wort und müssen sich finden. Die anderen bluffen und tun so, als ob.

RÄTSEL, STRATEGIE, WETTKAMPF

WAS IHR BRAUCHT:

- Viele nicht zu kleine Zettel. DIN A6 ist ideal. Bei kleiner Schrift gehen auch kleinere Zettel.
- Blatt Papier für die Spielstände
- Stifte für alle Spieler

UND SO GEHT'S:

Dieses Spiel ist toll, aber ein wenig kompliziert. Schaut euch einfach das Beispiel an. Man kann das Spiel zwar immer wieder spielen, für die ersten Partien braucht man aber jemanden, der die Regeln sehr gut kennt.

Ein Spieler ist der Dealer. Diese Rolle geht mit jeder Runde auf den jeweils nächsten Spieler über, sodass am Ende jeder einmal der Dealer war.

VORBEREITUNG:

Der Dealer nimmt genauso viele Zettel, wie es Spieler gibt, und schreibt auf zwei der Zettel dasselbe Wort. Auf die anderen Zettel schreibt er ‚BLUFF'.

Der Dealer muss noch etwas Platz für später auf den Zetteln lassen, darf also nicht zu groß schreiben. Dann mischt er die Zettel und verteilt sie.

Dazu schließen alle Spieler ihre Augen und strecken die Hand aus. Der Dealer legt die Zettel mit der Schrift nach unten (oder gefaltet) in die ausgestreckten Hände. Die Spieler dürfen jetzt lesen, was auf den Zetteln steht. Passt auf, dass niemand sieht, was auf eurem Zettel steht! Zwei Spieler haben dasselbe Worte, die anderen haben ‚BLUFF'. Und hier fängt der Spaß an: Wenn ihr ein Teil des Pärchens seid, dann müsst ihr herausfinden, wer euer Partner ist, ohne euch zu verraten. Als ‚Bluffer' hingegen müsst ihr herausfinden, wer die beiden mit dem geheimen Wort sind und gleichzeitig so tun, als wäret ihr einer davon.

Es gibt zwei identische Runden:

RUNDE 1:

Es beginnt der Spieler links vom Dealer. Jeder Spieler sagt nur ein Wort, das mit dem geheimen Wort in Verbindung steht. Wenn du also zum Pärchen gehörst und das Wort ‚Ball' lautet, dann sage ‚Tor' oder ‚aufpumpen'. Dein Partner wird die Verbindung hoffentlich verstehen. Wenn du ein Bluffer bist, kennst du keine Verbindung, musst also irgendein Wort sagen, das passen könnte. Nutze die vorherigen Wörter als Hinweis. Falls du das erste Wort sagen musst, hast du einen Nachteil, denn dann bleibt dir nichts anderes übrig, als zu bluffen. Allerdings kannst du vielleicht andere Bluffer schon erkennen, wenn sie ein Wort sagen, das zu deinem passt.

Wenn jeder Spieler ein Wort gesagt hat, endet Runde 1. Jeder Spieler darf jetzt auf seinen Zettel schreiben, welche zwei er für das Pärchen hält. (Wenn du das geheime Wort hast, kennst du schon einen davon). Wenn du nach Runde 1 tippst, darfst du nach Runde 2 nicht mehr tippen. Wenn du tippen willst, schreibe ‚Runde 1:' und dann die beiden Namen. Wenn nicht, schreibe ‚Runde 1: kein Tipp'. Egal, was du schreibst, lasse es bis zum Ende des Spiels niemanden sehen. Es ist nicht erlaubt, einen Namen in Runde 1 und einen in Runde 2 zu schreiben, und man bekommt nur Punkte, wenn man beide Namen richtig rät. Alles oder nichts!

RUNDE 2:

Jeder sagt wieder der Reihe nach ein Wort. Wenn du ein Bluffer bist, hast du vielleicht schon eine Idee, was das geheime Wort sein könnte.

Nach der zweiten Runde haben alle die letzte Chance, einen Tipp abzugeben. Wer noch nicht getippt hat, schreibt ‚Runde 2:' und dann die beiden Namen. Am Ende dürfen alle Bluffer versuchen, das geheime Wort zu erraten. Dazu schreiben sie unten ‚Das Wort ist …' auf ihren Zettel.

DIE AUFLÖSUNG:

Nach der zweiten Runde drehen alle ihre Zettel um und enthüllen, ob sie Bluffer waren oder das geheime Wort hatten und welches ihre Tipps waren. Die Punkte werden wie folgt vergeben:

- Das Paar in Runde 1 korrekt erraten: 3 Punkte
- Das Paar in Runde 2 korrekt erraten: 2 Punkte
- Das geheime Wort erraten (nur Bluffer): 1 Punkt

Wichtig: Das Paar, das das geheime Wort hat, bekommt nur Punkte, wenn BEIDE richtig getippt haben. Nachdem der Dealer den Spielstand festgehalten hat, übernimmt der nächste Spieler die Rolle des Dealers und eine neue Runde beginnt.

BEISPIEL:

Der Dealer schreibt ‚Apfel' auf zwei Zettel und ‚BLUFF' auf die restlichen.

Nachdem alle ihren Zettel gelesen haben, beginnt das Spiel. Spieler 2 und 5 sind das Pärchen. Achtet darauf, wie die Bluffer jeden Hinweis aufnehmen und so tun, als wären sie Teil des Paares, während das Pärchen versucht, sich unauffällig zu verhalten.

Spieler 1: „Blau."
Spieler 2: „Blaubeere."
Spieler 3: „Schlamm."
Spieler 4: „Pflaume."
Spieler 5: „Schlange."

Nach Runde 1 geht Spieler 3 das Risiko ein und schreibt Spieler 2 und 4 auf, um mehr Punkte zu erzielen. Dafür bekommt er 0 Punkte. Alle anderen schreiben ‚Runde 1: Kein Tipp'. Niemand weiß, was die anderen geschrieben haben.

In der zweiten Runde haben alle eine bessere Vorstellung vom geheimen Wort, die Wörter werden also ähnlicher.

Spieler 1: „Orange."

Spieler 2: „Kerngehäuse."

Spieler 3: „Baum."

Spieler 4: „Apfel."

Spieler 5: „Kern."

Spieler 2 und 5 wissen, dass es nicht Spieler 4 ist, denn er hat das gesuchte Wort gesagt. Spieler 5 schreibt: ‚Runde 2: Spieler 2 und 5', bekommt aber trotzdem keine Punkte, denn Spieler 2 schreibt: ‚Runde 2: Spieler 2 und 3.' Spieler 1 schreibt ‚Runde 2: Spieler 2 und 5, das Wort ist Apfel.' Er bekommt 3 Punkte: 2 für das korrekte Pärchen und 1 Punkt für das korrekte Wort.

TIPP:

- Das Beste an dem Spiel ist, dass ihr die unterschiedlichsten Taktiken entwickeln könnt. Ist es besser, vorzugeben, das geheime Wort zu haben, auch wenn man es nicht hat? Ist es besser, so zu tun, als wäre man ein Bluffer, obwohl man das Wort kennt? Das Spiel verändert sich mit den Leuten, die es spielen und das ist total toll.

KAPITEL 9

FRÖHLICHE WEIHNACHTEN*

Weihnachten: Erste Anzeichen gab es schon im Oktober und jetzt ist das Fest endlich da. In deiner besten Schürze hast du dich in die Zubereitung des Festmahls gestürzt, deine Eltern sind mal wieder zu früh und Mutter vertreibt sich die Zeit damit, deine Kochkünste zu kritisieren. Vater ist schon wieder viel zu früh am Schnapsschrank zugange und dein Bruder, seine Frau und ihr Baby sind die nächsten, die vor der Tür stehen. Du liebst alle drei, aber kannst sie jetzt nicht umarmen, denn deine Hände triefen von Bratensaft.

Völlig überraschend schaffst du es, ein Weihnachtsessen für neun Personen auf den Tisch zu stellen. Die Kartoffeln waren zwar besonders knusprig, Vater hat sich an einem Würstchen im Schlafrock verschluckt und deine Tochter hat ein schönes großes Glas Rotwein vom Tisch gekegelt, aber ihr seid alle satt und niemand möchte mehr Nachtisch, was aber eigentlich ein gutes Zeichen sein müsste.

Irgendwie schafft ihr es, euch ins Wohnzimmer zu rollen und plötzlich wird euch bewusst, dass ihr nichts zu tun habt. Im Fernsehen läuft bestimmt das Übliche und ihr habt Angst, dass niemand mehr die Energie haben wird, ihn auszuschalten, wenn er erst mal läuft.

Aber alles wird gut, ich habe die Lösung zu eurem Problem. In diesem Kapitel findet ihr zehn Spiele, die ihr an den Festtagen mit der ganzen Familie spielen könnt, ohne euch auch nur einmal zu bewegen. Startet eine Kaminfeuer-DVD, schlüpft in eure Wohlfühlklamotten und erfreut euch an den Spielen in diesem Kapitel. Sie bringen Spaß für jedermann, ganz besonders wenn es dazu ein Gläschen Sherry oder eine Tasse Kakao gibt. Man kann sie immer wieder spielen und niemand wird zu wilden Aktionen gezwungen: Das sind echte Spiele für volle Bäuche.

*‚Fröhlich' ist in diesem Kapitel Programm, ‚Weihnachten' weniger. Diese Spiele sind ideal für Familienfeiern jeder Art, besonders, wenn der Schnee leise rieselt.

81. Ein-Wort-Geschichte

SPIELER	SCHWIERIGKEIT	SPIELDAUER
2+	**leicht**	**5–20 min**

DARUM GEHT'S: Ein schnelles Erzählspiel

STORYTELLING, WORTSCHATZ, KREISSPIEL, LACHEN

WAS IHR BRAUCHT:

- keine Hilfsmittel erforderlich

UND SO GEHT'S:

Dieses Spiel geht reihum, also legt als Erstes eine Reihenfolge fest. Es hat sich bewährt, im Uhrzeigersinn zu spielen. Ein Spieler beginnt, indem er das erste Wort einer Geschichte sagt. Der nächste sagt das zweite Wort, der nächste dann das dritte und so weiter.

Hier ist ein Top-Tipp, der so wichtig ist, dass ich ihn am Anfang schreibe: Akzeptiert den Verlauf der Geschichte und führt ihn fort. Ihr werdet jedes Mal, wenn ihr das Spiel spielt, einen eigenen Plan im Kopf haben. Unglücklicherweise haben die anderen auch Ideen und so kann es Wendungen geben, die euch nicht nicht ins Konzept passen. Egal, welchen Weg ihr einschlagt, geht einfach mit und genießt die Reise.

Das Spiel endet, wann ihr wollt. Wenn euch die Geschichte entgleitet, wartet einfach ein Satzende ab und sage ‚Ende'. Das funktioniert.

BEISPIEL:

Spieler 1: „Es ..."

Spieler 2: „... war ..."

Spieler 3: „... einmal ..."

Spieler 4: „... ein ..."

Spieler 1: „... Werwolf ..."

Und so weiter.

TIPPS:

- Dieses Spiel kann zwei Richtungen einschlagen: Verrückt oder vernünftig. Beides ist gut und ich würde niemals sagen, dass eines davon besser ist, ABER manchmal wollen alle eine vernünftige Geschichte erzählen, bis auf einen, der immer etwas wie ‚Werwolf' sagt. Solange nicht alle anderen auch ‚auf der verrückten Schiene sind: Bitte sei nicht der Werwolf-Typ. Das Spiel wird dann niemandem außer dir Spaß machen.
- Alle wollen etwas zur Geschichte beitragen und es ist frustrierend, wenn du immer nur an Stellen drankommst, wenn du nur langweilige Wörter wie ‚und' oder ‚dann' sagen kannst. Keine Sorge – das ändert sich. Deine Zeit wird kommen.

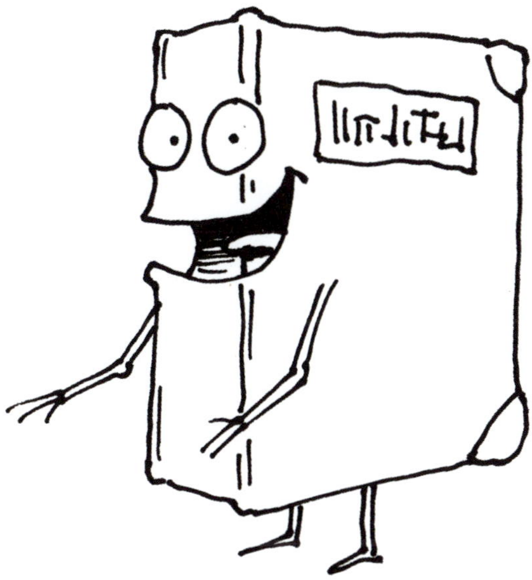

82. Zwanzig Fragen (a. k. a. Tier, Pflanze, Mineral)

SPIELER	SCHWIERIGKEIT	SPIELDAUER
2+	**leicht**	**10 min pro Runde**

DARUM GEHT'S: Ein Ratespiel bei dem ihr die richtigen Fragen stellen müsst, um die Lösung zu entdecken

STRATEGIE, RÄTSEL, KOMMUNIKATION, ZEITVERTREIB

WAS IHR BRAUCHT:

- keine Hilfsmittel erforderlich

UND SO GEHT'S:

Dieses Spiel ist ideal für Weihnachten, denn es ist wirklich einfach zu spielen. Alle können mitraten, ohne ihren gemütlichen Platz auf dem Sofa aufgeben zu müssen.

Ein Spieler ist der Spielleiter und sucht sich einen beliebigen Begriff aus den Kategorien **Tier** (inklusive allem, was aus Tieren hergestellt wird), **Pflanze** (inklusive allem, was aus Pflanzen hergestellt wird, zum Beispiel Holzlöffel) oder **Mineral** (alles, was nicht lebendig ist oder war). Der Begriff muss dann von den anderen erraten werden.

Die Mitspieler dürfen bis zu zwanzig Fragen stellen, um hinter das Geheimnis zu kommen. Es gibt keine Reihenfolge. Die erste Frage lautet immer ‚Tier, Pflanze oder Mineral?' und der Spielleiter antwortet mit mindestens einem der drei Begriffe. **Alle anderen Fragen dürfen nur noch mit ‚Ja' oder ‚Nein' beantwortet werden**, selbst wenn die Mitspieler versuchen sollten, offene Fragen zu stellen. Zählt, wie viele Fragen ihr schon gestellt habt, am besten mit den Fingern. Die Ratenden dürfen jederzeit nennen, was ihrer Meinung nach die Lösung ist. Das gilt jedoch als eine der zwanzig Fragen.

Wenn der gesuchte Begriff nach zwanzig Fragen nicht erraten wurde, ist die Runde vorbei. Der Spielleiter enthüllt das geheime Wort und wählt ein neues. Derjenige, der das gesuchte Wort errät, wird Spielleiter und darf sich das nächste Wort ausdenken.

BEISPIEL:

Spieler 1: „Tier, Pflanze oder Mineral?"
Spielleiter: „Tier."
Spieler 2: „Ist es noch nicht ausgestorben?"
Spielleiter: „Ja."
Spieler 3: „Kann man es als Haustier halten?"
Spielleiter: „Nein."
Spieler 2: „Lebt es im Meer?"
Spielleiter: „Ja."
Spieler 1: „Wie groß ist es?"
Spielleiter: „NEIN!" (Keine Ja-/Nein-Frage)
Spieler 1: „Ok, du Langweiler. Ist es sehr groß?"
Spielleiter: „Ja."
Spieler 1: „Ist es ein Wal?"
Spielleiter: „Ja. Ihr habt sieben Fragen gebraucht."

TIPPS:

- Einigt euch vor Beginn des Spiels darauf, welche Begriffe zulässig sind:
  1. Darf man eine bestimmte Persönlichkeit wählen, oder nur ‚Mensch'?
  2. Darf man fiktive Dinge oder Filmfiguren wählen?
  3. Gelten tierische Produkte wie Milch oder Leder als Tier oder Mineral? (Ich sage, Tier, aber entscheidet selbst!)
- Manche Dinge fallen in mehrere Kategorien. Ein Schuh ist beispielsweise Tier (Leder), Pflanze (Gummi vom Gummibaum) und Mineral (Metallschnalle). In diesem Fall sollte der Spielleiter die erste Frage mit ‚Tier, Pflanze und Mineral' beantworten.
- Wenn du ein Experte bist, versuche das Rätsel mit so wenig Fragen wie möglich zu lösen. Die folgende Taktik ist riskant und experimentell, kann aber die Anzahl der Fragen drastisch reduzieren. Du musst nur ein wenig Boolesche Logik anwenden. Im Grunde stellst du zwei Fragen auf einmal: ‚Schwimmt es im Meer ODER fliegt es durch die Luft?' Wenn die Antwort ‚Nein' lautet, hast du zwei Möglichkeiten mit einer Frage ausgeschlossen. ‚Ist es aus Holz UND mehr wert als 100 Euro?' Wenn die Antwort ‚Ja' lautet, hast du damit gleich zwei wichtige Informationen auf einmal bekommen.

- Damit diese Taktik funktioniert, müssen deine Mitspieler natürlich die Bedeutung von UND und ODER kennen.
  Wenn die Antwort auf eine ODER-Frage ‚Ja' ist, können ein Teil oder beide Teile der Frage korrekt sein. Bei einer UND-Frage müssen beide Teile der Frage korrekt sein, um ein ‚Ja' zu bekommen. Wenn ihr mehr darüber wissen wollt, fragt einen Pedanten.

LEVEL UP:

- Ihr könntet eine Regel einführen, nach der ein Spieler, der ein ‚Ja' als Antwort auf seine Frage bekommt, nochmal fragen darf. Das macht zwar auch Spaß, führt aber dazu, dass es mehr um Einzelspieler als um die Gruppe geht.

83. Montagsmaler

SPIELER	SCHWIERIGKEIT	SPIELDAUER
2+	**leicht**	**bis zu 1 std**

DARUM GEHT'S: Darum geht's: Wer am schnellsten errät, was gemalt wird, darf als nächste malen.

MALEN, STRATEGIE, RÄTSEL, GRAMMATIK

WAS IHR BRAUCHT:

- Papier oder Whiteboard, groß genug, dass es alle sehen können, Stifte
- Wortliste (Ideen-Bänke 2, 3 und 4, Seiten 242–250), kopiert und ausgeschnitten
- Optional: Bunt- oder Filzstifte ODER Mal-App auf dem Tablet

UND SO GEHT'S:

Das Beste an diesem Spiel ist, dass es so einfach oder so schwer ist, wie ihr wollt. In seiner einfachsten Form malt ein Spieler einen Begriff, den er aus dem Lostopf gezogen oder sich selbst ausgedacht hat. Die anderen Spieler versuchen, den Begriff zu erraten. Der Maler darf weder Buchstaben noch Zahlen in seinem Bild verwenden, auch Sprechen ist verboten. Die Ratenden dürfen ihre Vermutungen jederzeit in die Runde rufen, ohne eine besondere Reihenfolge einzuhalten. Wer das gesuchte Wort als Erster ruft, gewinnt und darf den nächsten Begriff malen.

Wenn ihr mehr Herausforderung sucht, dann macht eine kleine Regeländerung das Spiel noch besser. Ich habe sie nicht unter Level-Up vermerkt, weil ich denke, dass ihr diese Variante ausprobieren solltet, sobald ihr mit dem Spiel vertraut seid. Das ist die Regeländerung:

Verbietet gängige Hauptwörter und Eigennamen. Für den Anfang könntet ihr alle Wörter aus der Ideen-Bank 4 auf Seite 248 aus dem Topf nehmen. Das bedeutet, dass Objekte (Katze, Hund, Stuhl) und Namen (London, Gal Gadot, Manchester United) verboten sind. Stattdessen könntet ihr aus den folgenden Wortarten wählen. Ich gebe euch nicht so viele Beispiele, denn wenn alle sie lesen, wird es zu einfach.

- Abstrakta: Etwas, das man nicht anfassen kann, Ideen, wie Stolz, Erfolg, Liebe
- Verben: Handlungen, zum Beispiel rennen, weinen, verlieren
- Adjektive: Wörter, die etwas beschreiben, wie dreckig, hässlich, erschöpft
- Präpositionen: Wörter, die euch sagen, wo etwas ist, zum Beispiel auf, unter, zwischen

Ihr könntet euren Mitspielern zu Beginn sagen, um welche Art von Wort es sich handelt, und dann anfangen zu malen.

TIPP:

- Es ist schwer zu erkennen, was ihr malt, wenn es auf dem Kopf steht oder weit weg ist. Entweder sollten alle auf der gleichen Seite des Tisches sitzen oder ihr benutzt eine Staffelei oder einen Overheadprojektor. Ihr könnt auch ein großes Blatt Papier an die Wand hängen, damit alle gut sehen können. Plant diesen Aspekt im Voraus, sonst wird es nervig.

LEVEL UP:

- Wenn Spieler auf Teufel komm raus gewinnen wollen und jedes Wort rufen, das sie kennen, bis endlich das richtige dabei ist, könnt ihr die Anzahl der Versuche auf drei begrenzen. Auf einmal sind alle ganz vorsichtig und raten nur noch, wenn sie sich fast sicher sind.
- Weitet das Spiel auf Sprichwörter und Redewendungen aus, wie ‚das Pferd von hinten aufzäumen' oder ‚Zu viele Köche verderben den Brei'.

84. Die exquisite Leiche

SPIELER	SCHWIERIGKEIT	SPIELDAUER
3+	**mittel**	**20 min**

DARUM GEHT'S: Folgt einer bestimmten Sequenz und fabriziert lustige Sätze.

GRAMMATIK, WORTSCHATZ, LACHEN, TEAMWORK

WAS IHR BRAUCHT:

- Stift und Papier für jeden Spieler

UND SO GEHT'S:

Ein Grammatikspiel an Weihnachten? Aber es sind doch Ferien! Niemand vermisst die Schule. Nun - dieses Spiel ist ein Quell der Freude für alle Altersgruppen. Probiert es aus!

Der Aufbau der meisten Sätze folgt demselben Muster. In anderen Worten: Man kann ganz leicht Sätze bilden, wenn man nur blind dieses Schema anwendet. Wir nutzen dieses Wissen natürlich für Unfug.

Jeder Spieler schreibt einen bestimmten oder unbestimmten **Artikel** oben auf sein Blatt und faltet diesen Streifen einmal nach hinten, sodass die anderen das Wort nicht sehen können. Dann reichen alle ihr Blatt im Uhrzeigersinn weiter. Wer das Blatt als Zweiter bekommt, schreibt ein **Adjektiv** oben drauf und faltet es wieder nach hinten um. Die Reihenfolge der Wörter ist wie folgt:

- Bestimmter oder unbestimmter **Artikel** (‚der', ‚ein')
- **Adjektiv** (ein beschreibendes Wort wie ‚schmutzige')
- **Hauptwort** (eine Sache wie ‚Briefkasten')
- **Verb** (eine Handlung wie ‚springt')
- **Adverb** (beschreibt ein Verb, zum Beispiel ‚höflich')
- **Präposition** (setzt zwei Hauptwörter in Relation, wie ‚unter')
- **Possessivpronomen** (besitzanzeigendes Fürwort wie ‚seinen')
- ein weiteres **Adjektiv** (eine Beschreibung wie ‚roten')
- ein weiteres **Hauptwort** (eine Sache wie ‚Löffel')

Wenn ihr alle neun Wörter auf die Blätter geschrieben habt, ist es an der Zeit, das Blatt zu entfalten und vorzulesen, was für eine Satzperle ihr erschaffen habt. Das obige Beispiel ergibt: ‚Der schmutzige Briefkasten springt höflich unter seinen roten Löffel.'

TIPPS:

- Je mehr Spieler, desto besser. Solltet ihr nur zu dritt sein (oder weniger), hat der Einzelne zu viel Einfluss auf den Satz.
- Sollte der Satz grammatikalische Fehler haben, dürft ihr am Ende kleine Anpassungen vornehmen: Aus ‚Die Apfel' mach ihr dann ‚Der Apfel'.

LEVEL UP:

- Seid ihr abenteuerlustig? Benutzt eure Sätze als Auftakt für Geschichten. Seht, was passiert!

85. Identitätskrise

SPIELER	SCHWIERIGKEIT	SPIELDAUER
4+	**mittel**	**20 min**

DARUM GEHT'S: Findet heraus, wer ihr seid und helft den anderen bei derselben Aufgabe.

ENTSPANNUNG, RÄTSEL, KREISSPIEL

WAS IHR BRAUCHT:

- Selbstklebende Etiketten oder Haftnotizen für die Stirn. (Manche Leute spielen das Spiel mit normalen Papier, etwas Spucke und einem Gebet. Wenn euch etwas so Ekliges liegt, nur zu.)

UND SO GEHT'S:

Das Spiel ist der Renner und perfekt dazu geeignet, die Familie zusammenzubringen, da ihr als Team zusammenarbeiten und euch gegenseitig helfen müsst. Jeder Spieler schreibt gut lesbar den Namen eines Promis oder einer fiktiven Person auf seinen Zettel und klebt ihn der Person zu seiner Linken auf die Stirn. Es ist hilfreich, wenn der Name auf dem Zettel einer ist, den jeder kennt – vor allem der Mitspieler, der den Zettel auf der Stirn trägt. Passt gut auf, dass dieser Mitspieler nicht sieht, was auf dem Zettel steht. Sobald der Sticker auf der Stirn klebt, können alle euren neuen Namen lesen, außer euch selber. **Und das ist euer Job: herausfinden, wer ihr seid!** Stellt euch der Reihe nach im Uhrzeigersinn jeweils eine Ja-/Nein-Frage zu eurer Identität, zum Beispiel ‚Bin ich real?' oder ‚Bin ich berühmt, weil ich etwas herstelle?' Sobald ihr glaubt, zu wissen, wer ihr seid, fragt ‚Bin ich …?' Wenn ihr euren Namen richtig geraten habt, nehmt den Zettel von der Stirn und verbringt den Rest der Runde damit, Fragen zu beantworten und selbst keine mehr zu stellen.

TIPPS:

- Versucht, auch unabhängig von den Fragen so viele Informationen wie möglich zu sammeln. Wenn sich zum Beispiel deine Oma wenig an der Beantwortung der Fragen beteiligt, mag das daran liegen, dass der Name eher jungen Leuten ein Begriff ist. Wenn alle lachen, wenn du fragst, ob du ein besonderes Talent hast, gehen darüber die Meinungen vielleicht auseinander wie bei Justin Bieber.
- Aus offensichtlichen Gründen funktioniert das Spiel nicht in einem Raum voller Spiegel. Aus dem gleichen Grund darf erst zur Toilette, wer seinen Namen schon erraten hat.

LEVEL UP:

- Hier ist ein super Eisbrecher für eure Party: Bevor die Gäste kommen, schreibt die Namen berühmter Paare auf Haftnotizen (zum Beispiel auf einen Zettel ‚Micky', auf den nächsten ‚Minnie', Bonnie/Clyde, Charles/Camilla, und so weiter) und klebt sie den Gästen bei der Begrüßung auf die Stirn. Die Gäste müssen sich jetzt gegenseitig befragen, dürfen jedem einzelnen Gast dabei aber jeweils nur eine Frage stellen. Bei dem Versuch herauszufinden, wer man ist, muss man also mit möglichst vielen Leuten reden. Das wahre Ziel ist natürlich, sein Gegenstück zu finden. Sobald ihr glaubt, euren Partner gefunden zu haben, hakt euch unter und fragt einen dritten Gast ‚Sind wir ein Paar?' Wenn ja: Gewonnen! Nehmt die Sticker ab und genießt den Rest der Party.
- Falls ihr diese Version spielt: Fragt nicht einfach nach dem Namen. Wenn ihr ‚Prinz Philip' seht, geht nicht hin und fragt: ‚Bin ich Queen Elizabeth?' Ihr könnt aber fragen: ‚Wohne ich in einem Palast?' oder ‚Sind meine Lieblingshunde Corgis?'

86. Wortketten

SPIELER	SCHWIERIGKEIT	SPIELDAUER
2+	**mittel**	**10-20 min pro Kette**

DARUM GEHT'S: Baut Wortketten, verbunden durch Anfangs- und Endbuchstabe.

STRATEGIE, GEDÄCHTNIS, BUCHSTABIEREN, ENTSPANNUNG

WAS IHR BRAUCHT:

- keine Hilfsmittel erforderlich

UND SO GEHT'S:

Ein Kreisspiel, das jede Menge interessanter Ideen und Erinnerungen aus euren müden Festtags-Hirnen holt.

Sucht euch einen schönen allgemeinen Oberbegriff aus. Beispiele findet ihr auf den Seiten 267–268. Ihr könnt euch auch selbst etwas ausdenken, aber achtet darauf, dass möglichst viele Begriffe in eure Kategorie passen. ‚Musiker' oder ‚Tiere' sind ein guter Anfang. Wählt nur Kategorien, mit denen sich alle Spieler auskennen und zu denen sie Begriffe nennen können. Es macht keinen Spaß, wenn ihr die Kategorie ‚Fußballspieler' wählt und deine Mutter kennt keinen einzigen.

Ein Spieler beginnt und nennt einen Begriff aus der gewählten Kategorie. Im Uhrzeigersinn nennt nun jeder einen weiteren Begriff, der in die Kategorie passt. Dieser zweite Begriff muss aber **mit dem letzten Buchstaben des vorherigen Begriffs anfangen**. Das Spiel geht solange weiter, wie euch neue Begriffe einfallen. Falls jemand nicht weiter weiß, gebt Tipps, aber sagt nicht vor.

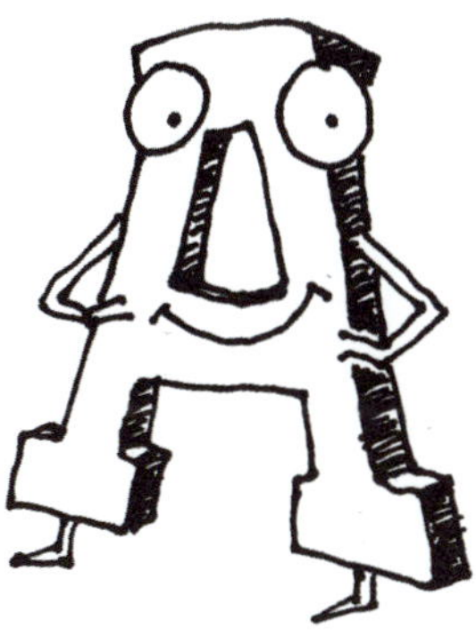

BEISPIEL:

Die Spieler haben sich auf die Kategorie ‚Musiker und Bands' geeinigt. Bei den Bandnamen solltet ihr das Wort ‚The' weglassen.

Spieler 1: „Beatles." (Der Begriff endet mit s, Spieler 2 muss seinen mit S beginnen).

Spieler 2: „Shirley Bassey." (Spieler 2 endete auf y, Spieler 3 muss mit Y anfangen)

Spieler 3: „Yeah Yeah Yeahs."

Und immer so weiter.

TIPP:

- Ihr werdet schnell merken, was die gefährlichen Buchstaben sind. Ein Wort, das mit X endet, gilt als unfein. Wenn ihr jedoch gegeneinander spielt, ist das ein guter Trick.

87. Erste Zeilen

SPIELER	SCHWIERIGKEIT	SPIELDAUER
4+	**mittel**	**30 min**

DARUM GEHT'S: Könnt ihr euch fiktive erste Zeilen für ein Buch ausdenken?

SCHREIBEN, KREATIVITÄT, ENTSPANNUNG, KREISSPIEL

WAS IHR BRAUCHT:

- Zettel und Stifte für alle Mitspieler
- ein Blatt Papier für die Spielstände
- ein Regal voller Bücher, am besten zu seltsamen Themen

UND SO GEHT'S:

Es ist der zweite Weihnachtsfeiertag. Die gesamte Familie ist bei Oma eingefallen. Aber es gibt dort nichts außer Sesseln, Parkettböden und Büchern. Wie in aller Welt sollt ihr euch die Zeit vertreiben? In diesem kreativen, herzerwärmenden Spiel geht es darum, den Schreibstil eines Buches zu imitieren, ohne es je aufgeschlagen zu haben. Titel und Umschlag sind eure einzigen Informationen. Es ist seltsam befriedigend und, je nachdem wer alles mitspielt, entweder urkomisch oder von echtem literarischen Wert.

In jeder Runde ist ein Spieler der Bibliothekar. Er nimmt ein Buch aus dem Regal und zeigt es allen Mitspielern. Es kann ein Roman oder ein Sachbuch, alt oder neu, bekannt oder unbekannt sein. Er liest den Titel vor, zeigt das Bild auf dem Umschlag und kann sogar den Klappentext zitieren. Aber eins dürft ihr nicht: das Buch an sich aufschlagen. Sobald alle wissen, worum es in dem Buch geht, fängt das Spiel an. Alle (bis auf den Bibliothekar) schreiben jetzt eine überzeugende erste Zeile für das Buch. Ihr müsst euch einigen, ob ihr nur die erste Zeile (die wahrscheinlich mitten im Satz endet) oder den gesamten ersten Satz schreibt. Beides macht Spaß. Gebt eure Zeile dem Bibliothekar.

Passt auf, dass niemand sieht, was ihr geschrieben habt. In der Zwischenzeit hat der Bibliothekar die echte erste Zeile des Buches (die, mit der das eigentliche Buch beginnt. Überspringt Vorwort, Zitate und so weiter) auf einem Zettel notiert und mischt sie unter die anderen Lösungen. Nun liest er alle Zettel vor. Welches ist er echte Text? Hört gut zu, denn ihr müsst raten.

- Wer die echte erste Zeile errät, bekommt 1 Punkt.
- Wenn jemand anderes denkt, deine Zeile sei die richtige, bekommst du 1 Punkt.

Nachdem ihr die Punkte notiert habt, gibt der Bibliothekar seinen Job an die Person zu seiner Linken weiter und eine neue Runde beginnt. Versucht es jetzt mit einer anderen Art von Buch.

BEISPIEL:

Der Bibliothekar hat *Alte Wege* von Robert Macfarlane ausgewählt.

Bibliothekar: „*Alte Wege* von Robert Macfarlane. Auf dem Front-Cover ist ein geschwungener Pfad zu sehen und auf der Rückseite ein barfuß laufender Mann. Es gibt keinen Klappentext."

Spieler 1 schreibt: ‚An einem kühlen Donnerstagmorgen im Februar schnürte ich meine Schuhe und ging auf eine Wanderung, die mein Leben verändern sollte.'

Spieler 2 schreibt: ‚Als Tom Robinson seinen Fuß bei einem Rasenmäherunfall verlor, dachte er, er würde nie wieder laufen können.'

Spieler 3 schreibt: ‚Ich schlief in einer Hecke in jener Nacht und schmiegte mich an Brombeeren und ihre stacheligen Geschwister, die Dornen.'

Der Bibliothekar hat derweil die echte erste Zeile des Buches auf seinen Zettel geschrieben und liest diesen und alle anderen Zettel in zufälliger Reihenfolge vor. Spieler 1 und 3 erraten, welches der wahre Anfang des Buchs ist, und bekommen jeder einen Punkt. Spieler 2 entscheidet sich für ‚An einem kühlen …' und Spieler 1 bekommt einen weiteren Punkt, weil Spieler 2 auf seinen Anfang reingefallen ist. Jetzt wird Spieler 1 zum Bibliothekar und sucht *Casper Candlewacks in Tod durch Taube* von Ivan Brett aus. Klingt ja schrecklich!

TIPPS:

- Der Bibliothekar sollte die Zeilen zuerst in seinem Kopf Probe lesen, bevor er sie tatsächlich vorliest, nur um sicherzugehen, dass er alle Handschriften entziffern kann. Ein Stocken würde verraten, welche Lösung nicht echt ist. Außerdem hilft es, beim Lesen, nicht zu laut loszulachen.
- Bedenkt das Alter des Buchs, den Klang der Sprache, die Zielleserschaft und den Inhalt. All das solltet ihr beim Verfassen eurer Zeile berücksichtigen, wenn sie echt klingen soll.

LEVEL UP:

- Seid ihr eine besonders lustige Gruppe, könnte der Bibliothekar Bonuspunkte für die Anfangszeile verteilen, die die meisten Lacher bekommt, verteilen. Das bedeutet, dass man mit guten Ideen Punkte sammeln kann, auch wenn sie nicht besonders überzeugend wirken. Diese Punkte sollten vergeben werden, bevor ihr sagt, wer was geschrieben hat. Das verhindert die Bevorzugung Einzelner aus Sympathiegründen.
- Wie wäre es, ihr dreht das Spiel um und gestaltet den Umschlag? Alle schließen die Augen und der Bibliothekar sucht ein Buch aus, von dem er glaubt, dass es niemand kennt. Jetzt malen alle ein Cover nur auf Grundlage des Titels, so richtig mit Bild, Textgestaltung und eventuell einem Zitat. Wer dem echten Cover am nächsten kommt, gewinnt. (Falls es dein Bücherregal ist, erinnerst du dich vielleicht an das Buch. Dein Cover muss also perfekt sein, wenn du gewinnen willst.)

88. Konsequenzen

SPIELER	SCHWIERIGKEIT	SPIELDAUER
3+ … je mehr, desto besser!	**mittel**	**10 min pro Runde**

DARUM GEHT'S: Ein klassisches Zettelfalt-Spiel wie ***Die exquisite Leiche*** (siehe Seite 203), bei dem ihr merkwürdige Geschichten erfindet

SCHREIBEN, GRAMMATIK, TEAMWORK, LACHEN

WAS IHR BRAUCHT:

- viel Papier
- einen Stift für jeden Spieler

UND SO GEHT'S:

Wenn ihr dieses Spiel noch nicht mit eurer Familie gespielt habt, dann wird es aber Zeit. Es ist ein Klassiker, der in keinem Spielebuch fehlen darf.

Das Prinzip ist das folgende: Jeder Mitspieler bekommt ein Blatt Papier, schreibt etwas darauf, klappt das Geschriebene um, damit niemand es lesen kann, und reicht das Papier nach links weiter. Das Ziel ist, gemeinsam möglichst lustige Zufallsgeschichten zu schreiben. Schaut euch das Beispiel an und werdet kreativ.

Hier ist die Reihenfolge dessen, was ihr auf den jeweils vor euch liegenden Zettel schreibt:

1. Adjektiv, das eine Person beschreibt

2. Männername

3. Adjektiv, das eine Person beschreibt

4. Frauenname

5. Ort

6. Kleidungsstück

7. Kleidungsstück

8. Wörtliche Rede

9. Wörtliche Rede

10. Konsequenz (was als nächstes passierte)

11. Was alle Welt sagte (ein Spruch, eine verbreitete Ansicht)

Jetzt wird es lustig. Wenn alle Blätter elfmal beschrieben, gefaltet und weitergereicht wurden, werden sie noch ein letztes Mal weitergereicht und dann entfaltet. Jetzt lesen alle der Reihe nach vor, was auf den Zetteln in ihren Händen steht und setzen die Wörter in folgenden Lückentext ein:

Eines Tages traf der [1] [2] die [3] [4] im [5]. Er trug [6]. Sie trug [7]. Er sagte: ‚[8]'. Sie sagte: ‚[9]'. Am Ende [10]. Alle Welt sagte: ‚[11]'.

BEISPIEL:

Spieler 1 entfaltet das Papier, liest den Lückentext und fügt die Wörter an den entsprechenden Stellen ein:

Eines Tages traf der wechselhafte Steve die riesige Emily im Gebirge. Er trug eine Fliegerbrille. Sie trug ein Kleid aus Zeitungspapier. Er sagte: ‚Gib mir die Marmelade'. Sie sagte: ‚So etwas sagt man nicht zu einer Dame!' Am Ende gründeten sie eine Band und gingen auf Tournee. Alle Welt sagte: ‚Nein danke!'

LEVEL UP:

► Dieses Spiel kann man ewig spielen, ohne dass es langweilig wird. Aber es geht weiter: Denkt euch eine neue Reihenfolge und eine neue Geschichte aus. Hier eine Inspiration:

 1. Name
 2. Ort
 3. Grund (weil ...)
 4. Ereignis (etwas passiert)
 5. Ereignis (etwas passiert)
 6. Emotion
 7. Verb (eine Aktion in der Vergangenheit, zum Beispiel: ‚explodierte' oder ‚aß eine Banane')
 8. Name
 9. Verb (Aktion in der Gegenwart, zum Beispiel ‚popelt in der Nase')

 [1] geht zu [2], denn er/sie [3]. Als erstes [4], dann [5]. Nach alldem fühlt er/sie [6]. Er/sie [7]. Am Ende musste [8] kommen und [9] und damit alles wieder in Ordnung bringen.

89. Brian! Brian?

SPIELER	SCHWIERIGKEIT	SPIELDAUER
2+	**schwer**	**5 min+**

LÄRM, MATHE, SCHAUSPIELEREI, CODE

DARUM GEHT'S: So verrückt habt ihr noch nie bis zwanzig gezählt.

WAS IHR BRAUCHT:

- keine Hilfsmittel erforderlich

UND SO GEHT'S:

Erwacht aus eurem festesseninduzierten Koma und werdet aktiv mit diesem lauten, lustigen Spiel.

Ich habe das Spiel von meiner Freundin Alice. Zuerst habe ich gedacht, sie würde mich auf den Arm nehmen. Das Spiel steckt voller Spaß und ich gebe euch darauf eine Lachflash-Garantie: Wenn es euch nicht zum Lachen bringt, schicke ich euch ein neues Spiel.

Es dauert zwar etwas, bis man das Spiel beherrscht, aber es lohnt sich.

Lasst uns als Erstes über römische Zahlen sprechen. Ihr wisst bestimmt, dass die alten Römer bestimmte Buchstabenkombinationen benutzt haben, um Zahlen darzustellen.

Für das Spiel müsst ihr nur die Zahlen von 1 bis 20 kennen:

1 = I
2 = II
3 = III
4 = IV
5 = V
6 = VI
7 = VII
8 = VIII
9 = IX
10 = X
11 = XI
12 = XII
13 = XIII
14 = XIV
15 = XV
16 = XVI
17 = XVII
18 = XVIII
19 = XIX
20 = XX

Nach diesem System brauchten die Römer also nur die Buchstaben I, V und X, um damit die Zahlen von 1 bis 20 darzustellen.

Als Nächstes ersetzen wir jeden dieser Buchstaben durch Wörter:

I = ‚Brian!'

V = ‚Dein Freund Ian ist hier!'

X = ‚Er fragt, ob du spielen kommst!'

Die römische Zahl XVI (16) hieße auf diese Art übersetzt demnach: ‚Er fragt, ob du spielen kommst! Dein Freund Ian ist hier! Brian!'

Mit diesem Code könnt ihr jetzt also auf ungeahnt witzige Weise bis zwanzig zählen. Die Spieler sagen abwechselnd die nächste Zahl in der Reihe. Nennt zuerst die römische Zahl, dann die Brian-Zahl. Doch halt! Es gibt noch mehr!

Spiele das Spiel mit der Stimme einer genervten Mutter, die ihren Sohn ruft und auf den Spielkameraden an der Tür aufmerksam macht.

Als ich das Spiel kennenlernte, sprach die Mutter außerdem einen lustigen Dialekt. Ich weiß nicht, wie wichtig das ist, aber wenn ihr schon so weit gekommen seid, schafft ihr das auch noch.

Untermalt das mütterliche Gezeter mit Schauspieleinlagen. Ihr dürft die Sätze verbinden, die Betonung, was ihr wollt, aber keinesfalls die Wortfolge ändern.

Es geht nicht um einen Wettbewerb. Helft euch, wenn jemand nicht mehr weiß, bei welcher Zahl ihr seid, und lasst es ihn nochmal versuchen. Seid nett zu einander, besonders wenn Schauspielerei gefordert ist.

BEISPIEL:

Spieler 1: „Brian!"

Spieler 2: „Brian! Brian?"

Spieler 3: „Brian! Brian? Brian!"

Spieler 4: „Brian! Dein Freund Ian ist hier!"

Spieler 1: „Dein Freund Ian ist hier!"

Spieler 2: „Dein Freund Ian ist hier, Brian!"

Und so weiter, bis zwanzig.

LEVEL UP:

- Wollt ihr mehr? Spielt das Spiel ***21 Mutproben*** (siehe Seite 58) nicht mit Zahlen, sondern mit Brians. Die totale Verwirrung!
- Habt ihr darauf keine Lust, zählt einfach weiter. Was haltet ihr von 50 (L): ‚Er wartet immer noch!' und 100 (C): ‚Meine Güte!'. 162 wäre dann: ‚Meine Güte! Er wartet immer noch! Er fragt, ob du spielen kommst. Brian! Brian?'

90. Plaudertasche

SPIELER	SCHWIERIGKEIT	SPIELDAUER
3+	**schwer**	**20–40 min**

DARUM GEHT'S: Dieser Klassiker erfordert blitzschnelles Denken.

KREATIVITÄT, GEDÄCHTNIS, STRATEGIE, WETTKAMPF

WAS IHR BRAUCHT:

- Stoppuhr mit Countdown. Beinahe jedes Smartphone hat diese Funktion.
- Gesprächsthemen (Seiten 240–241), ausgedruckt oder kopiert, ausgeschnitten, in einem Lostopf.
- Imaginäre Hupen als Buzzer zum Alarmschlagen, eine für jede Person. (Eine Glocke geht auch, eine Tröte oder alles, was Krach macht.) Ich denke mir gerne mein eigenes Hupgeräusch aus. Das ist nicht nur kostenlos, man kann auch Stunden damit verbringen, es zu perfektionieren. Ich imitiere eine Art Nebelhorn und drücke dabei einen imaginären Buzzer mit der flachen Hand. Lasst euch was einfallen!)
- Stift und Papier für die Spielstände

UND SO GEHT'S:

Hier ist episches Gelaber gefragt – perfekt, wenn man zu mehreren Generationen beisammensitzt. Einer ist der Spielleiter. Mit jeder neuen Runde ist es jemand anderes, kein Grund also, sich zu streiten. Der Spieler zur Rechten des Spielleiters ist der erste Redner. Er zieht ein Thema aus dem Lostopf und liest es laut vor. Sofort startet der Spielleiter startet den Countdown. Der Redner muss jetzt eine Minute lang zu diesem Thema sprechen. Es gibt jedoch Regeln. Sobald der Redner eine der Regeln bricht, müssen alle (außer dem Spielleiter) den Buzzer betätigen, also hupen, läuten, tröten, was auch immer. Das sind die Regeln:

- Keine Pausen! Denkpausen sind verboten. Sobald eine Pause länger dauert als ein Atemzug, ertönt der Buzzer.
- Nicht abschweifen! Lautet das Thema ‚Bienen' und du redest über Honig auf Toast und dann über Bohnen auf Toast, schweifst du ab. (Nur Bienen auf Toast wäre aber OK gewesen. Lecker.)
- Zählen und Nonsens sind ebenfalls verboten.

- Keine Wiederholungen! Das ist echt tricky. Profi-Plaudertaschen dürfen kein Wort wiederholen, außer dem gezogenen Begriff. Anfänger dürfen häufige Worte wie ‚aber', ‚und' und ‚ich' ohne Einschränkung benutzen. Besprecht diesen Punkt, bevor ihr anfangt, damit es keinen Streit gibt. (Es ist übrigens geschummelt, immer nur das Wort auf dem Zettel zu wiederholen.)

Sobald ein Mitspieler den Buzzer betätigt, stoppt der Spielleiter den Timer. Der Mitspieler erklärt, welchen Regelverstoß er erkannt hat und wenn der Spielleiter zustimmt, bekommt der Mitspieler einen Punkt. Dieser Spieler übernimmt dann die Rednerrolle und muss seinerseits über das Thema sprechen. War der Alarm ungerechtfertigt, bekommt der Redner einen Punkt und darf weitererzählen. Der Redner, in dessen Redezeit der Countdown endet, bekommt einen Extra-Punkt. Der Spielleiter reicht sodann die Stoppuhr im Uhrzeigersinn weiter und zieht ein neues Thema. Er ist jetzt der erste Redner der neuen Runde.

BEISPIEL:

Spieler 1 hat das Thema ‚Rollschuhe' gezogen. Der Spielleiter startet den Countdown und sagt: ‚Los!'

Spieler 1: „Ich hasse Rollschuhe, denn ich falle immer hin. Ich fahre immer zu schnell und …"

Spieler 2: „TRÖT! Du hast das Wort ‚immer' wiederholt."

Spielleiter: „Korrekt. Spieler 2 bekommt einen Punkt und hat 55 Sekunden. Los!"

Spieler 2: „Ich war immer besser mit dem Skateboard als auf Rollschuhen. Skateboards haben mehr Rollen und man kann Tricks machen."

Spieler 3: „BEEP! Abschweifung! Sie redet über Skateboards."

Spielleiter: „Korrekt. Spieler 3 bekommt 1 Punkt und hat 48 Sekunden. Los!"

Spieler 3: „Früher bin ich mit meinem Bruder zum Rollschuhfahren ins Parkhaus gegangen. Eines Tages …"

Spieler 2: „TRÖT! Pause zu lang!"

Spielleiter: „Nein, er hat nur geatmet. Spieler 3 bekommt einen Punkt und hat noch 41 Sekunden. Los!"

Und so weiter.

TIPP:

► Es geht darum, unter Zeitdruck zu improvisieren. Wenn euch die Angst vor dem Buzzer lähmt, legt die Regeln großzügig aus und lasst die Mitspieler länger erzählen. Ihr könntet auch ganz auf den Buzzer verzichten und alle jeweils eine Minute lang reden lassen. Hinterher könnt ihr eure Vorträge bewerten. Das macht auch Spaß, ist aber weniger Stress.

KAPITEL 10

ENTSPANNT EUCH!

Es war ein harter Tag. Es fing damit an, dass du den Kühlschrank zu schwungvoll geöffnet hast und der Orangensaft aus der Tür fiel. Du hast zwar alles aufgewischt, musstest aber trotzdem die Hose wechseln und bist seitdem mit klebrigen Sohlen herumgelaufen. Trotz Nieselregen sah es nicht danach aus, dass du einen Regenschirm brauchen würdest. Nach zehn Minuten warst du aber durchnässt bis auf die Knochen. Bei der Arbeit wolltest du deine To-Do-Liste abarbeiten, doch dann musstest du den ganzen Tag am Telefon mit der IT-Abteilung verbringen, weil es Probleme mit den UDI-Zugangsdaten gab, oder so ähnlich. Außerdem war deine Lunchbox undicht und jetzt hat alles in deiner Tasche die Farbe und den Geruch von Balsamico-Essig. Du kommst nach Hause und brauchst jemanden, der dich umarmt, aber deine bessere Hälfte sieht noch missmutiger aus als du.

Ihr braucht Entspannung.

Ich habe die richtigen Spiele für euch!

Vielleicht denkt ihr, Spiele sind jetzt nicht die Lösung, aber diese hier werden euren erschöpften Gemütern wohltun. Sie sind beruhigend, nicht anstrengend und helfen euch, eure überreizten Köpfe wieder freizubekommen. Es gibt Wortspiele, Alphabet-Challenges und freies Assoziieren. Damit lasst ihr den Stress hinter euch und könnt relaxen.

Sie helfen Kindern (und nervösen Erwachsenen), in jeder Situation ruhig und entspannt zu bleiben. Vielleicht erwartest du einen wichtigen Anruf und brauchst vorher ein wenig Ruhe oder du suchst eine Alternative zum Familienprogramm im Fernsehen.

Ich habe sogar noch ein paar inspirierende Schreibspiele dazugepackt für all diejenigen, die sich am besten entspannen, wenn sie sich kreativ betätigen.

91. Wort-Assoziationen

SPIELER	SCHWIERIGKEIT	SPIELDAUER
2+	**leicht**	**5 min**

DARUM GEHT'S: Ein Hin und Her der Assoziationen

WORTSCHATZ, KREATIVITÄT, ENTSPANNUNG

WAS IHR BRAUCHT:

- keine Hilfsmittel erforderlich

UND SO GEHT'S:

Ein Spieler wirft einen ersten Begriff – egal welchen – in die Runde und die Gruppe muss der Reihe nach im Uhrzeigersinn ein Synonym (ein Wort mit der gleichen Bedeutung) oder Wort, das irgendeine Verbindung zum zuletzt genannten Wort aufweist, nennen. Das Interessante ist, wohin euch der Bewusstseinsstrom der Assoziationen führt und wie sich die Bedeutung der Wörter im Verlauf verändern kann. Worte mit doppelter Bedeutung, auch Homonyme genannt (wie zum Beispiel ‚Birne') sind hier besonders nützlich, denn sie können den Verlauf einer Assoziationskette schlagartig ändern.

BEISPIEL:

Spieler 1: „Blau."
Spieler 2: „Himmel."
Spieler 3: „Kamera."
Spieler 4: „Film."
Spieler 1: „Fernsehen."

Und immer so weiter.

LEVEL UP:

- Bei Wort-Assoziationen müsst ihr Wörter finden, die eine Verbindung zum vorherigen Wort haben. Bei Wort-Dissoziationen müsst ihr Wörter finden, die absolut keine Verbindung haben.
  Lustig wird es, wenn ihr eure Mitspieler herausfordert. Wenn ihr eine Verbindung zwischen Wörtern findet, die ihnen nicht bewusst war, müssen sie ein anderes Wort sagen.

BEISPIEL:

Spieler 1: „Ei."
Spieler 2: „Stadt."
Spieler 3: „Grün."
Spieler 4: „Mayonnaise."
Spieler 1: „Möwe."
Spieler 4: „Stopp! Beide sind weiß!"
Spieler 1: „Oh, ok. Donnerstag."

Und so weiter.

TIPP:

- Es gibt viele Verbindungen zwischen Wörtern. Sie können sich reimen oder mit dem gleichen Buchstaben beginnen (Alliteration), es gibt tausende Möglichkeiten. Man kann vermutlich die meisten Wörter irgendwie miteinander in Verbindung bringen. Findet diese Verbindungen!

92. Warum?

SPIELER	SCHWIERIGKEIT	SPIELDAUER
2	**mittel**	**10 min**

DARUM GEHT'S: Warum?

STRATEGIE, KOMMUNIKATION, KREATIVITÄT

WAS IHR BRAUCHT:

- keine Hilfsmittel erforderlich

UND SO GEHT'S:

WARNUNG: Dieses Spiel ist extrem nervig für alle, die es nicht spielen. Es ist jedoch eine tolle Art herauszufinden, warum die Dinge so sind, wie sie sind. Aber denkt an eure Mitmenschen. Wenn ihr anfangt, sie zu nerven, spielt ein anderes Spiel.

Ein Spieler ist der Experte und fängt an, indem er eine beliebige Aussage macht.

Der andere Spieler ist der interessierte Laie und fragt: ‚Warum?'

Der Experte antwortet nach bestem Wissen.

Wieder fragt der Mitpieler: ‚Warum?'

Das Spiel geht so lange wie möglich weiter. Der Experte sollte versuchen, sich nicht zu wiederholen, und niemals eine Antwort wie ‚Darum!' geben. Versucht den Dingen restlos auf den Grund zu gehen. Wenn der Experte nicht mehr weiter weiß, tauscht die Rollen.

BEISPIEL:

Experte: „Die Lasagne braucht aber lange."

Interessierter Laie: „Warum?"

Experte: „Weil die Garzeit lang ist."

Interessierter Laie: „Warum?"

Experte: „Weil man sie im Ofen zubereitet."

Interessierter Laie: „Warum?"

Experte: „Wenn man sie in einer Pfanne zubereitet, wird alles eine große Matsche."

Interessierter Laie: „Warum?"

Experte: „Weil man dann rühren müsste."

Interessierter Laie: „Warum?"

Experte: „Sonst brennt sie an."

Interessierter Laie: „Warum?"

Experte: „Wenn man eine Pfanne benutzt, kommt die Hitze von unten."

Interessierter Laie: „Warum?"

Experte: „So funktioniert ein Kochfeld."

Interessierter Laie: „Warum?"

Experte: „Weil sich das jemand so ausgedacht hat."

Interessierter Laie: „Warum?"

Experte: „Weil man früher über dem Lagerfeuer gekocht hat. Das ist ähnlich."

Und immer so weiter.

93. Passt!

SPIELER	SCHWIERIGKEIT	SPIELDAUER
2	**mittel**	**20 min**

DARUM GEHT'S: Wie *Galgenmännchen*, aber viel interessanter

BUCHSTABIEREN, RÄTSEL, WETTKAMPF, STRATEGIE

WAS IHR BRAUCHT:

- Whiteboard/Papier und Stifte

UND SO GEHT'S:

Ich habe mir dieses Spiel ausgedacht, um eine interessantere Variante von Galgenmännchen für den Unterricht zu haben. Ich wollte die Kinder ermuntern, Wörter anders zu sehen: als Kombination aus Vorsilbe, Wortstamm und Nachsilbe. Sie sollten sich Fragen stellen, wie ‚Welche Arten von Wörtern enden auf N?' Falls das jetzt zu sehr nach Schule klang: Vergesst was ich gesagt habe und lasst es uns einfach ausprobieren. Es ist ein nettes kleines Spiel für zwei Personen.

Das Ziel ist, ein geheimes Wort zu erraten. Ein Spieler ist der Spielleiter und denkt sich ein Wort aus (keine Namen, kein Slang, die üblichen Regeln). Er malt horizontale Linien oben auf sein Blatt, für jeden Buchstaben einen. Wie bei Galgenmännchen.

Hier fangen die Unterschiede aber an: Ihr müsst keine Buchstaben erraten, sondern ganze Wörter, die auf die Linien passen. Der erste Versuch ist einfach, das Wort braucht nur die richtige Länge haben. Der Ratende schreibt sein Wort und wenn es passt, bekommt er einen Punkt. Aber wenn er nicht gerade ein Hellseher oder ein Glückspilz ist, wird das noch nicht das gesuchte Wort sein. Jetzt schreibt der Spielleiter einen beliebigen Buchstaben des gesuchten Wortes auf die Linie, auf die er gehört. Der Ratende schreibt jetzt wieder ein Wort, das passen muss, wieder mit der richtigen Anzahl von Buchstaben, aber jetzt auch mit dem nun bekannten Buchstaben an der richtigen Stelle. Wenn das Wort passt, gibt es einen Punkt.

Fällt dem Ratenden partout kein Wort ein, darf er eine Runde überspringen. Er bekommt zwar keine Punkte, aber einen Hinweis, denn der Spielleiter schreibt den nächsten Buchstaben an die richtige Position.

Das geht immer so weiter. Mit jeder Runde gibt der Spielleiter gibt einen weiteren Buchstaben und dessen Position bekannt, bis das Wort erraten wird. Es gibt zwei Extrapunkte für jede Leerstelle, die sich zum Zeitpunkt der Auflösung noch im Wort befindet. Schreibt den Spielstand auf und tauscht die Rollen. Das neue Wort muss die gleiche Länge wie das vorherige haben, damit es fair ist.

BEISPIEL:

Der Spielleiter hat das Wort ‚SKIZZE' gewählt. Er schreibt _ _ _ _ _ _ oben auf das Blatt.

Der Ratende schreibt ‚ÖLZEUG'. Das Wort ist falsch, aber es passt. Er bekommt 1 Punkt.

Der Spielleiter verrät den ersten Buchstaben: _ _ _ Z _ _.

Der Ratende schreibt ‚SITZEN'. Leider falsch, aber es passt. Er bekommt 1 Punkt.

Der Spielleiter gibt einen weiteren Buchstaben bekannt: _ _ _ Z_ E.

Der Ratende schreibt ‚ÄCHZTE'. Wieder falsch, aber passt, 1 Punkt.

Der Spielleiter schreibt S_ _ Z_E.

Der Ratende ist ratlos und setzt aus, 0 Punkte

Der Spielleiter schreibt ‚SK_Z_E'.

Der Ratende errät SKIZZE und bekommt 4 Extrapunkte für die zwei verbliebenen freien Felder. Insgesamt sind das 7 Punkte.

TIPP:

- Denkt an die Vorsilben und Endungen. Sie stehen vor und nach dem Wortstamm und verändern Bedeutung und Funktion des Wortes. Schaut zum Beispiel nach Silben wie ver- (wie in ‚verlässlich') oder -en (wie in ‚lachen'). So könnt ihr einfacher die fehlenden Buchstaben um die herumgruppieren, die ihr bereits kennt. Wenn ein Wort mit N endet, ist es wahrscheinlich, dass es auf -en endet, denn das ist eine häufige Endung.

94. A bis Z von ...

SPIELER	SCHWIERIGKEIT	SPIELDAUER
1+	**mittel**	**10 min pro Alphabet**

DARUM GEHT'S: Ein Alphabet-Spiel der Spitzenklasse

KREATIVITÄT, BUCHSTABIEREN, TEAMWORK, ZEITVERTREIB

WAS IHR BRAUCHT:

- keine Hilfsmittel erforderlich

UND SO GEHT'S:

Das Ziel des Spiels ist, Elemente einer Kategorie zu finden, in denen alle Anfangsbuchstaben des Alphabets vorkommen. Abwechselnd nennt ihr also 26 Dinge, die in eine Kategorie passen. Wenn ihr es bis Z schafft, habt ihr alle gewonnen.

Nehmt eine der Kategorien auf den Seiten 267–268 oder denkt euch selbst eine aus. Einige Kategorien sind schwieriger als andere. Wenn ihr wollt, schreibt eure Lösungen auf, aber das ist eigentlich nicht nötig. Wenn ein Spieler nicht mehr weiter weiß, helft ihm. Wollt ihr gegeneinander antreten, setzt euch ein Zeitlimit und wer zu spät antwortet, fliegt raus. (Das Spiel macht ehrlich gesagt mehr Spaß, wenn man als Team zusammenarbeitet, aber manche lieben halt den Wettkampf.)

BEISPIEL:

Die Spieler wollen sich das ‚A bis Z der Backwaren' vorknöpfen.

Spieler 1: „Apfelkuchen."
Spieler 2: „Brötchen."
Spieler 3: „Christstollen."
Spieler 1: „Donut."

Und so weiter.

TIPPS:

- Haltet euch nicht zu lange damit auf, ob eine Antwort richtig oder falsch ist. Auch wenn es nicht hundertprozentig passt (wie ‚Orange' im A bis Z der Dinge, die rot sind), seid großzügig und spielt weiter.
- Ich verrate euch ein Geheimnis: Ich spiele dieses Spiel jeden Abend zum Einschlafen. Wähle eine richtig schwere Kategorie und lass deine Gedanken an seltsame, schläfrige Orte wandern, während du versuchst, zum Beispiel etwas Klebriges mit C zu finden (ich habe ewig gebraucht: Camembert). Ihr werdet eingeschlummert sein, bevor ihr euch verseht.
- Schreibt ein Alphabet auf ein Whiteboard oder ein Stück Papier, und darüber vermerkt ihr die Kategorie. Versucht, so schnell wie möglich alle Buchstaben auszustreichen, indem ihr Begriffe in die Runde ruft. Ihr braucht dabei keine Reihenfolge einhalten. Wenn die einfachen Buchstaben abgehakt sind, widmet euch den schwierigeren. Ihr braucht einen Schiedsrichter, der prüft, ob alle Antworten richtig sind – und warum sollte er dazu nicht gleich auch eine Stoppuhr laufen lassen? Vielleicht stellt ihr einen Weltrekord auf. Versucht eure Zeiten in verschiedenen Kategorien zu schlagen.
- ***Stadt-Land-Fluß Deluxe*** (siehe Seite 173) ist eine schriftliche Variante dieses Spiels.

95. Wortleitern

SPIELER	SCHWIERIGKEIT	SPIELDAUER
1+	**mittel**	**15 min**

BUCHSTABIEREN, WORTSCHATZ, STRATEGIE, ENTSPANNUNG

DARUM GEHT'S: Ändert einen Buchstaben, ändert einen Buchstaben, ändert einen Buchstaben. Wie weit kommt ihr?

WAS IHR BRAUCHT:

- Stift und Papier (oder ein Mini-Whiteboard)

UND SO GEHT'S:

Ein Spieler schreibt ein Wort mit vier Buchstaben auf.
Der nächste Spieler darf einen Buchstaben ändern und schreibt das neue Wort darunter. Das geht immer so weiter, bis euch nichts mehr einfällt. Keine Wiederholungen oder Eigennamen, kein Slang!

BEISPIEL:

Maut

Haut

Haus

Maus

Laus

Laub

Raub

Raus

TIPPS:

- Wenn euch das zu schwer ist, schreibt das Alphabet auf und sucht darin nach Anregungen.
- Die Schwierigkeit ist, nicht zu wissen, welcher Buchstabe geändert werden muss. Wenn ein Mitspieler Hilfe braucht, schreibt alle Buchstaben auf, die stehen bleiben und lasst ihn mit der Gewissheit, dass es eine Lösung gibt, selber den fehlenden Buchstaben finden. Schreibt zum Beispiel nach Sand ‚_and' und er kommt von allein auf ‚Hand', ‚Rand' oder ‚Tand'.

LEVEL UP:

- Wenn das Spiel für euch zu einfach ist, dann legt nicht nur das Start- sondern auch das Zielwort fest. Versucht, mit so wenigen Zwischenschritten wie möglich hinzukommen. Wie lange braucht ihr, um eine Leiter von HUND zu MAUS zu bauen? Von AUTO zu BOOT? Das ist schwer, aber einen Versuch wert.
- Ein Tipp für diese Version des Spiels: Seht zuerst zu, dass ihr Vokale und Konsonanten an die richtigen Stellen schafft, und kümmert euch erst dann um die tatsächlichen Buchstaben.

96. Zielrechnen

SPIELER	SCHWIERIGKEIT	SPIELDAUER
2+	**schwer**	**unendlich**

DARUM GEHT'S: Erreiche so schnell wie möglich eine bestimmte Zahl zwischen 1 und 1000.

MATHE, WETTKAMPF, STRATEGIE

WAS IHR BRAUCHT:

- Whiteboard/Papier und Stifte für alle Spieler.

UND SO GEHT'S:

Dieses simple Mathe-Spiel ist zu Anfang zwar nicht ganz leicht, aber eine tolle Übung, um eure grauen Zellen auf Zack zu halten. Wenn ihr Wettkämpfe mögt, ist es genau das Richtige für euch.

Schreibt alle dieselben fünf Zahlen zwischen 1 und 9 und außerdem die Zahl 100 oben auf euer Blatt. Diese Zahlen sind eure Werkzeuge, mit denen ihr das Ziel erreichen müsst.

Jetzt müsst ihr das Ziel auswählen. Sucht online nach einem Nummern-Generator. Die gibt es zuhauf im Internet. Ihr könnt euch aber auch selbst eine zufällige Zahl ausdenken. Ganz egal, wie ihr es macht: Es muss eine Zahl zwischen 1 und 1000 dabei herauskommen.

Sobald alle Spieler die Werkzeuge und das Ziel haben, legt ihr los. Addiert, subtrahiert, multipliziert und dividiert und versucht, auf diese Weise bei der Zielzahl zu landen. **Ihr müsst nicht alle Zahlen benutzen, aber ihr dürft keine Zahl zweimal verwenden.**

Ihr könnt euch entweder ein Zeitlimit für die Lösung setzen, beispielsweise zwei oder drei Minuten, oder so lange spielen, bis der erste Spieler am Ziel ist. Dann legt alle eure Stifte zur Seite und vergleicht eure Lösungen. Es gibt nur Punkte für das, was ihr auch aufgeschrieben habt, also notiert immer einen nachvollziehbaren Lösungsweg.

Wer das Ziel trifft, bekommt 10 Punkte, eine Zahl daneben gibt 9 Punkte, zwei Zahlen daneben 8 Punkte und so weiter.

Schreibt die Spielstände auf und spielt weiter. Wer als Erster 100 Punkten erreicht, gewinnt!

BEISPIEL:

Die Spieler haben die Zahlen 2, 3, 5, 6, 9 und 100 ausgewählt. Die zufällige Zielzahl ist 541. Nach zwei Minuten vergleichen sie ihre Lösungen.

Spieler 1: „5 x 100 ist 500. Addiere 9 x 6, was 54 ist. 554 - 3 - 2 ist 549." (549 ist 8 Zahlen vom Ziel entfernt, ergibt also 2 Punkte.)

Spieler 2: „Ich habe nur 5 x 100". (500 ist zu weit weg, 0 Punkte.)

Spieler 3: „6 x 100 ist 600. Dann nimm 5 + 2 und multipliziere mit 9, ergibt 63. Ziehe davon 3 ab, ergibt 60. 600 - 60 ist 540." (Eins daneben, ergibt 9 Punkte.)

TIPPS:

- Es ist am einfachsten, zuerst die richtige Anzahl Hunderter zu erreichen und von dort aus weiterzumachen. Achte darauf, dass du dich dem Ziel so schnell wie möglich näherst. Wenn das Ziel 786 ist, kannst du versuchen, als Erstes 700 zu erreichen, aber 800 wäre besser, weil näher (falls das machbar wäre).
- Ihr dürft Zahlen subtrahieren oder addieren, bevor ihr mit 100 multipliziert. Wenn ihr 7 und 2 habt und 900 erreichen müsst, rechnet 7 + 2 und multipliziert dann.
- Kommt ihr nicht weiter, rechnet vom Ziel aus rückwärts. Das hilft.

LEVEL UP:

- Die britische Fernsehshow *Countdown* hat ein ähnliches Spiel, dort gibt es aber mehr Optionen bei den Zahlen. Statt der 100 gibt es 25, 50, 75 oder 100 und man kann zusätzlich mit einer dieser Zahlen eine andere ersetzen. Außerdem gibt es große Tafeln und eine riesige Uhr. Selbst wenn du keine große Uhr findest, kannst du immer noch große Tafeln basteln.
- Es lohnt sich, alle Schritte in eine lange Formel zu schreiben. Setzt Klammern, damit die Rechnung nachher auch stimmt. Lasst euch von einem Schulkind erklären, wie das geht.

97. Zehn-zu-eins-Geschichten

SPIELER	SCHWIERIGKEIT	SPIELDAUER
1+	**schwer**	**20–30 min**

DARUM GEHT'S: Eine Kurzgeschichten-Challenge mit einer einzigen einfachen, aber doch komplizierten Regel

KREATIVITÄT, SCHREIBEN, WORTSCHATZ, ENTSPANNUNG

WAS IHR BRAUCHT:

- Liste der Story-Titel (Seiten 254–259)
- Stift und Papier

UND SO GEHT'S:

Die Aufgabe ist, eine Geschichte zu einem der Titel-Vorschläge zu schreiben. Sie darf jedoch nur zehn Sätze lang sein. Der erste Satz muss aus genau zehn Wörtern bestehen, der zweite aus neun, der dritte aus acht und so weiter. Der letzte muss ein Einwortsatz sein. Diese Aufgabenstellung zwingt euch, genau auf die Wörter und ihre Bedeutung zu achten.

Schreibt (wie ich) jeden Satz in eine neue Zeile oder schreibt sie hintereinander. Das könnt ihr halten, wie ihr wollt. Wenn ihr noch Tinte im Füller habt, könnt ihr auch Zwanzig-zu-Eins spielen. Viel Erfolg!

BEISPIEL:

Ich habe den Titel ‚Mein letzter Tag auf Erden' gewählt.

‚Zehn, Neun, Acht', zählte Mission Control und die Triebwerke röhrten.

Ich hielt meinen Atem an, die Stimme sagte ‚Null'.

Der Schub war unglaublich, die Schwerkraft ließ nach.

Endlich ließ ich alles Leben hinter mir.

Ich schwebte im All, völlig allein.

Die ewige Dunkelheit umgab mich.

Dann sah ich sie.

Augen des Mondes.

Langsam erwachend.

Hungrig.

TIPPS:

- Es gibt nicht nur eine Art, dieses Spiel zu spielen. Am besten fangt ihr einfach an und schaut, was passiert. ABER: Wenn ihr wollt, dass eure Geschichten ein tolles Ende haben, fangt mit dem letzten Satz an. Dieses eine Wort sollte ein echter Knaller sein. Ist es eine überraschende Wendung? Ein Cliffhanger?
- Gestaltet die Sätze abwechslungsreich und vermeidet Wiederholungen. Ich habe das Spiel schon mit Leuten gespielt, die Geschichten geschrieben haben wie folgende:

  Das wuschelige Kaninchen aß eine schöne, leckere, orangefarbene, vitaminreiche Möhre. Das wuschelige Kaninchen ging zum Einkaufen in das Möhrengeschäft. Das wuschelige Kaninchen kaufte eine Möhre und aß.

  Ich meine es ernst – tut das nicht.

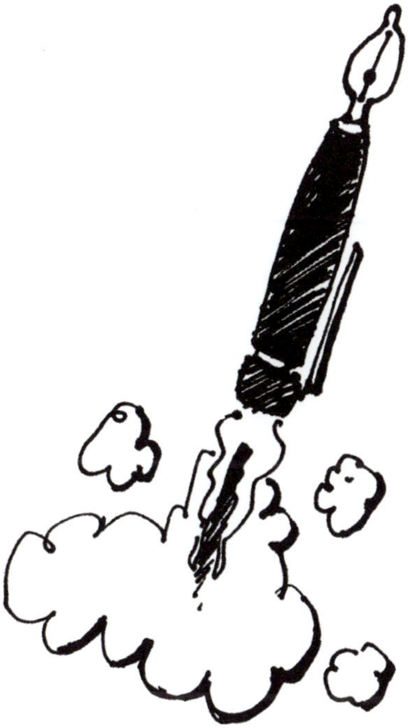

98. Wucherwörter

SPIELER	SCHWIERIGKEIT	SPIELDAUER
1+	**schwer**	**20 min**

BUCHSTABIEREN, WORTSCHATZ, STRATEGIE

DARUM GEHT'S: Jongliert mit Buchstaben und schafft gemeinsam möglichst lange Wörter.

WAS IHR BRAUCHT:

- Stift und Papier (oder ein Mini-Whiteboard)

UND SO GEHT'S:

Arbeitet zusammen als Team und beginnt mit einem Wort mit zwei Buchstaben (keine Eigennamen, keine Abkürzungen). Jetzt müsst ihr einen Buchstaben hinzufügen und ein Wort mit drei Buchstaben bilden. Ihr könnt die Buchstaben dabei nach Belieben umstellen.

Fügt nach und nach immer mehr Buchstaben hinzu und stellt sie nach Bedarf um, um neue Wörter zu schaffen. Mit dem richtigen Einsatz könnt ihr so die tollsten Wörter wuchern lassen.

BEISPIEL:

An

Nah

Ahne

Hasen

Hassen

(mehr ist mir nicht eingefallen. Schafft ihr mehr?)

TIPP:

- Neue Wörter zu finden, indem man Buchstaben umstellt, ist nicht leicht. Schreibt eure Buchstaben kreuz und quer in eine Wolke und setzt sie immer neu zusammen. Achtet auf gängige Buchstabenkombinationen wie ‚en' oder ‚um'.

LEVEL UP:

- Solltet ihr nicht weiterkommen, könnt ihr festlegen, dass es erlaubt ist, einen beliebigen Buchstaben wieder zu entfernen, ohne damit aber zum vorherigen Wort zurückzukehren. So könnt ihr eure Wörter immer weiterwuchern lassen, selbst wenn ihr zwischendurch in Sackgassen geratet.

99. Schreiben mit Hindernissen

SPIELER	SCHWIERIGKEIT	SPIELDAUER
1+	**schwer**	**45 min**

DARUM GEHT'S: Ein paar Einschränkungen machen das Schreiben irrsinnig schwer, aber auch irrsinnig witzig.

KREATIVITÄT, SCHREIBEN, ENTSPANNUNG

WAS IHR BRAUCHT:

- Liste der Story-Titel (Seiten 254–259) oder der ersten Zeilen (Seiten 260–266).
- Stift und Papier

UND SO GEHT'S:

Ähnlich wie bei den Zehn-zu-eins-Geschichten (siehe Seite 232) zwingen verschiedene Hindernisse eure Kreativität dazu, ungewohnte neue Wege zu gehen. Probiert es aus!

Hier findet ihr einige Einschränkungen, die ihr euch beim Schreiben selbst auferlegen könnt. Sucht euch eine oder mehrere aus (nicht alle!), nehmt einen Story-Titel oder eine erste Zeile und fangt an:

- Ein verbotener Buchstabe. Du darfst diesen Buchstaben nicht in deinem Text verwenden.
- Dein Text muss exakt 101 Wörter lang sein.
- Du hast 5 Minuten Zeit: Höre weder auf zu schreiben noch blicke von deinem Blatt auf, bevor die Zeit um ist – selbst wenn dann nur Unsinn dabei herauskommt.
- Schreibe jedes Wort falsch.
- Benutze kein Wort ein zweites Mal.
- Fange deine Geschichte hinten an. Schreibe den letzten Satz zuerst, dann den vorletzten, dann den vorvorletzten und immer so weiter, bis du zum ersten Satz gelangst.
- Jede Figur heißt David.
- Schreibe mit geschlossenen Augen.
- Schreibe mit deiner schwachen Hand.
- Die Geschichte darf aus nicht mehr als einem Satz bestehen. Keine Punkte, aber haufenweise Konjunktionen!

- Halte den Atem an. Jedes Mal, wenn du beim Schreiben atmest, male einen Kringel über das Wort, das du gerade geschrieben hast.
- Jedes Wort muss drei Buchstaben haben.
- Ein Pflicht-Buchstabe. Jedes deiner Worte muss diesen Buchstaben enthalten.

100. Reden wie die alten Dichter

SPIELER	SCHWIERIGKEIT	SPIELDAUER
1+	**schwer**	**10 min lernen, ein Leben lang spielen**

DARUM GEHT'S: Werdet Meister des jambischen Fünfhebers und praktiziert diese Kunst dann bis an euer Lebensende.

KOMMUNIKATION, WORTSCHATZ, GRAMMATIK, ZEITVERTREIB, LANGZEITSPIEL

WAS IHR BRAUCHT:

- keine Hilfsmittel erforderlich

UND SO GEHT'S:

Ob ihr nun Fans von Goethe, Theodor Storm oder Shakespeare seid oder euch die geschraubte Sprache der Dichter abstößt – eins müsst ihr zugeben: Ihre Werke haben etwas Besonderes.

Vieles ist dem Versmaß geschuldet. Nehmen wir den jambischen Fünfheber (ihr könnt es später auch mit anderen Versmaßen probieren). Shakespeare zum Beispiel schrieb viele seiner Werke in diesem Versmaß; auch deutsche Lyriker wie Goethe oder Theodor Storm taten es ihm gleich. Beim jambischen Fünfheber hat jede Verszeile fünf Silbenpaare (also insgesamt zehn Silben), von denen die jeweils zweite Silbe betont wird.

Das klingt dann so:

Da DUM da DUM da DUM da DUM da DUM.

Das gibt der Dichtung ihren Rhythmus, ihren Fluss. Versucht einmal, den Anfang des berühmten Gedichts *Mignon* aus Goethes Roman *Wilhelm Meisters Lehrjahre* voller Inbrunst zu lesen:

Kennst du das Land, wo die Zitronen blühn,
Im dunkeln Laub die Goldorangen glühn,
Ein sanfter Wind vom blauen Himmel weht,
Die Myrte still und hoch der Lorbeer steht?
Kennst du es wohl?
Dahin, dahin
Möcht' ich mit dir, o mein Geliebter, ziehn.

Jetzt seid ihr an der Reihe! Versucht, gefühlvoll im jambischen Fünfheber zu sprechen und entwickelt ein Gespür dafür, welche Worte und Sätze besonders gut funktionieren. Und – ganz wichtig! – stolziert dabei auf und ab, als wärt ihr der große Dichter in einem Moment höchster Schaffenskraft! Vielleicht hilft es euch, dazu einen Gehstock oder eine Schreibfeder zur Hand zu nehmen.

BEISPIEL:

Spieler 1: „Ein Brot mit Marmelade wünscht' ich mir."

Spieler 2: „Dann schmier dir eins, gib nach der Gier!"

Spieler 1: „Doch bin ich müd' und meine Hand tut weh."

Spieler 2: „Ein plumper Trick nur, dass ich für dich geh!"

ANHANG

Die schönsten Spiele machen keinen Spaß, wenn man gar nicht erst in Schwung kommt oder einem mittendrin die Puste ausgeht. Müde vom Besuch des Freibads oder einem langen Tag in Schule, Büro oder Sportverein? Ganz schlapp nach zu vielen guten Knödeln, Kuchen, Pommes? Oder viel zu schüchtern, als dass euch in versammelter Runde überhaupt irgendetwas einfällt?

Macht nichts. Dass man solche Anlaufschwierigkeiten oder Durchhänger hat, ist nur allzu verständlich, und es gibt ein Mittel dagegen. Mit den nachfolgenden Materialien umschifft ihr diese Klippen mühelos: Von Gesprächsthemen über Charaktere, Orte, Gegenstände, Handlungen, Überschriften und Eröffnungssätze, mit denen sich die abgefahrensten Geschichten fast schon von alleine schreiben, bis hin zu originellen Kategorien, die man zu Beginn verschiedener Spiele festlegen muss, finden sich hier all die Zutaten und Denkanstöße, die ihr beim Nachspielen der Spiele gebrauchen könnt. Erprobt, weiterentwickelt, perfektioniert bis hierhin. Ab jetzt seid ihr an der Reihe.

Bitteschön, gern geschehen. Und weiterhin viel Spaß!

Ideen-Bank 1:

GESPRÄCHSTHEMEN

Diese Themenauswahl ist vor allem für das Spiel ***Plaudertasche*** (siehe Seite 216) nützlich. Über jedes dieser Themen sollte es möglich sein eine Minute lang zu sprechen. Natürlich dürft ihr auch eigene Themen finden!

MEIN SCHÖNSTER URLAUB	WIE BACKE ICH EINEN KUCHEN?
DER SCHLIMMSTE JOB DER WELT	WENN ICH KÖNIG DER WELT WÄRE
MEIN GRÖSSTES GEHEIMNIS	SANDBURGEN
NACHBARN	HALLOWEEN
MEINE GRÖSSTE LEISTUNG	WÖLFE
DAS MENSCHLICHE GEHIRN	WASSERRUTSCHEN
STRICKEN	DIE BESTE JAHRESZEIT
CHILI-SCHOTEN	DIE GITARRE
DIE STADT, IN DER ICH LEBE	BAUMHÄUSER
GEBROCHENE KNOCHEN	DAS INTERNET
SELTSAME HAUSTIERE	SUPERMÄRKTE
DER HEISSESTE TAG DES JAHRES	HAUSARBEIT

KLAVIERSPIELEN	WIE MAN EIN PFERD MALT
TRÄUME	RHABARBER
VIDEOSPIELE	SCHOKOLADE
KLIPPEN	FAHRRÄDER
DONNERSTAGE	COUSINS UND COUSINEN
WENN ICH EINE KATZE WÄRE	IN ZEHN JAHREN
OBST VS. GEMÜSE	SUPERMAN VS. BATMAN
MÄDCHEN VS. JUNGS	MEIN PERFEKTER BURGER
DER PANDA	DIE VEREINIGTEN STAATEN VON AMERIKA
VEGETARISMUS	ZAUBERTRICKS
SPINNEN	WIE FUNKTIONIERT DIE VERDAUUNG?
FLUGZEUGE	MEIN ALLEIN-STELLUNGSMERKMAL
WIE ICH DIESE NARBE BEKOMMEN HABE	MEIN BESTES REZEPT
FERNSEHWERBUNG	KLETTERN

Ideen-Bank 2:

ZUTATEN FÜR GESCHICHTEN - PERSONEN

Bei manchen Spielen in diesem Buch benötigt ihr zufällige Zutaten für eure Geschichten. Kopiert diese Seiten oder schreibt sie ab, schneidet die einzelnen Wörter aus und bewahrt sie getrennt von den anderen Kategorien in Beuteln auf. Immer wenn ihr eine neue Person für eine Geschichte benötigt, zieht hiervon eine.

KÖNIG	PRINZESSIN
PRÄSIDENT	OBDACHLOSER
KÖNIGIN	PRINZ
AKROBAT	MODEL
SPORTLER	HACKER
VAMPIR	WERWOLF
WISSENSCHAFTLER	ARZT
GÄRTNER	SOLDAT
PILOT	SCHULKIND
LEHRER	VERBRECHER
ALTER MANN	ALTE FRAU
POLIZIST	AUSREISSER
ENTDECKER	FEUERWEHRMANN
TEENAGER	FUSSBALLSPIELER
KÜNSTLER	VANDALE

SPION	LKW-FAHRER
NINJA	ZANKAPFEL
CLOWN	MILLIONÄR
DIENER	HOCHSTAPLER
GEIST	FLÜCHTLING
JÄGER	DETEKTIV
WÄCHTER	RITTER
PIRAT	ASTRONAUT
ALIEN	KOCH
KLETTERER	BUSFAHRER
WANDERER	MATROSE
FEUERSPUCKER	RÄUBER
TASCHENDIEB	GANGSTER
SUPERHELD	BODYBUILDER
WRESTLER	ZOMBIE
RIESE	BABY
TAUCHER	FALLSCHIRMSPRINGER
RAUMPFLEGER	PFARRER
MUSIKER	HÄNDLER

STRASSENMUSIKER	STRAUCHDIEB
GAUNER	BALLERINA
TÄNZER	BAUER
SCHÖNHEITSCHIRURG	MÜLLMANN
CAMPER	MOTORRADFAHRER
VERKÄUFER	GENIE
HYPNOTISEUR	FERNSEHMODERATORIN
NACHRICHTENSPRE-CHER	VOGELFREUND
FISCHER	FRISEUR

Ideen-Bank 3:

ZUTATEN FÜR GESCHICHTEN - ORTE

Bei manchen Spielen in diesem Buch benötigt ihr zufällige Zutaten für eure Geschichten. Kopiert diese Seiten oder schreibt sie ab, schneidet die einzelnen Wörter aus und bewahrt sie getrennt von den anderen Kategorien in Beuteln auf. Immer wenn ihr einen neuen Ort für eine Geschichte benötigt, zieht hiervon einen.

HAUPTSTRASSE	BUSHALTESTELLE
AUF EINEM BAUM	AUF EINER KLIPPE
AUF EINER BÜHNE	ZOO
SUPERMARKT	BEKLEIDUNGSGESCHÄFT
RESTAURANT	GASSE
BAHNHOF	FLUGHAFEN
AN EINEM FLUSS	AUF EINEM DACH
ZUG	URWALD
WALD	STADION
SCHULE	FERNSEHSTUDIO
AUF EINEM SCHIFF	DIE ARKTIS
WÜSTE	PARK
SCHWIMMBAD	KINO
KRANKENHAUS	BERG
AUTOBAHN	GEFÄNGNIS

STRAND	FRISEURSALON
FRIEDHOF	VILLA
BURG	FABRIK
UNTERGESCHOSS	KERKER
RAUMSCHIFF	CASINO
ZIRKUS	KUNSTGALERIE
FREIZEITPARK	POLIZEISTATION
ZU HAUSE	ROCKKONZERT
SCHLACHTFELD	HOCHZEIT
GEBURTSTAGSPARTY	KIRCHE
KIRMES	FESTIVAL
CAMPINGPLATZ	URLAUB
PENTHOUSE	GARTEN
MOND	IN EINER LANGEN SCHLANGE
MÖBELGESCHÄFT	KOHLEBERGWERK
SPIELPLATZ	SUMPF
PYRAMIDE	HOTEL
CAFÉ	UNTER WASSER

AUFZUG	BÜCHEREI
MARKT	LABYRINTH
BAUERNHOF	BANK
SKIPISTE	BLOCKHÜTTE
RUINE	EINSAME INSEL
WINZIGES BOOT	FUSSBALLPLATZ
BAUSTELLE	BACKSTAGE
GEISTERHAUS	KÜHLRAUM
WASCHSALON	MÜLLDEPONIE
PARKPLATZ	WOLKENKRATZER
IM BAUCH EINES WALS	SKATEPARK

Ideen-Bank 4:

ZUTATEN FÜR GESCHICHTEN – GEGENSTÄNDE

Bei manchen Spielen in diesem Buch benötigt ihr zufällige Zutaten für eure Geschichten. Kopiert diese Seiten oder schreibt ab, schneidet die einzelnen Wörter aus und bewahrt sie getrennt von den anderen Kategorien in Beuteln auf. Immer wenn ihr neue Gegenstände für eine Geschichte benötigt, zieht einen hiervon.

GEHEIMNISVOLLE KISTE	SCHERE
MÜNZE	SCHLAUCH
BLUME	GIFT
BUCHSTABE	KOFFER
SAMEN	HAMBURGER
TASSE	KATZE
COMPUTER	TABLET
SPIEL	TELEFON
SPINNE	SOCKE
HANDTUCH	GUMMIBAND
HUT	FALSCHER SCHNURRBART
BRILLE	KRAWATTE
SCHUHE	BUTTER
BADEHOSE	NADEL

WASSEREIMER	FISCH
DRONE	BALL
POKAL	MEDAILLE
SCHLÜSSEL	UHR
STEIN	SCHNUR
POSTER	ZEITUNG
KISSEN	VOGEL
GURKE	RATTE
GLÜHBIRNE	REAGENZGLAS
DVD	STIFT
WANDFARBE	BÜGELBRETT
WALKIE-TALKIE	KOPFHÖRER
MASKE	SCHOKORIEGEL
WÄRMFLASCHE	LANDKARTE
LUNCHBOX	HANDSCHELLEN
HELM	GUMMISTIEFEL
EINE TASSE TEE	GITARRE
TROMPETE	KRONE
KLEIDERBÜGEL	WANDERSTOCK

HUFEISEN	SCHREIBBLOCK
HOLZLÖFFEL	SEKTGLAS
TEEKANNE	SCHAUFEL
JOYSTICK	SKATEBOARD
ROLLER	FAHRRAD
BUCH	MEERSCHWEINCHEN
BÜROKLAMMER	ZAHN
SCHNORCHEL	KOMPASS
JUWEL	RING
LUPE	MARMELADE
MAGNET	SPITZHACKE

Ideen-Bank 5:

ZUTATEN FÜR GESCHICHTEN - HANDLUNG

Bei manchen Spielen in diesem Buch benötigt ihr zufällige Zutaten für eure Geschichten. Kopiert diese Seiten oder schreibt ab, schneidet die einzelnen Wörter aus und bewahrt sie getrennt von den anderen Kategorien in Beuteln auf. Immer wenn ihr eine neue Handlung für eine Geschichte benötigt, zieht hiervon eine.

EIN STREIT	EINE ÜBEREINKUNFT
EINE LÜGE	EIN GEHEIMNIS
EINE ENTSCHULDIGUNG	EINE NACHRICHT
EINE BITTE	EIN VERSPRECHEN
EIN VERRAT	EIN DIEBSTAHL
EIN FUND	EIN VERLUST
EIN KAUF	EIN VERKAUF
EINE VORSCHRIFT	EINE STRAFTAT
EINE SUCHE	EIN ABENTEUER
EINE REISE	EIN ATEMZUG
JEMAND RENNT	EIN STURZ
EIN AUFSTIEG	EIN FEHLER
VERWIRRUNG	ETWAS WÄCHST
ETWAS SCHRUMPFT	JEMAND SCHLÄFT
EIN SIEG	EINE NIEDERLAGE

EIN TODESFALL	EINE VERLETZUNG
ETWAS HEILT	EINE STUDIE
EIN STREICH	EIN KAMPF
EINE VERFOLGUNGSJAGD	ETWAS WIRD GEFANGEN
EIN RENNEN	EIN SPIEL
EIN SPRUNG	EINE BESPRECHUNG
EINE SUCHE	ETWAS WIRD GEBAUT
ETWAS WIRD ZERSTÖRT	EIN PLAN
ETWAS WIRD GESCHRIEBEN	EIN LACHEN
ETWAS WIRD VERBRANNT	JEMAND WEINT
EIN WUNSCH	EIN AUSRUTSCHER
EIN SCHRECK	JEMAND SCHLEICHT
JEMAND VERSTECKT SICH	EINE ENTSCHEIDUNG
EINE ZEICHNUNG	JEMAND SCHWIMMT
EIN TRAUM	EIN GESCHENK
JEMAND SCHEITERT	EIN ZUSAMMENBRUCH
JEMAND LECKT AN ETWAS	EIN SCHREI

GEFLÜSTER	ETWAS FLIEGT
EIN GEHEIMES TREFFEN	EINE WAHL
ETWAS WIRD NASS	EIN ANRUF
ETWAS STINKT	EIN GESCHMACK
EINE OFFENBARUNG	EIN ANSTURM
ETWAS FRIERT EIN	ETWAS ROLLT
EIN HANDSCHLAG	EIN HIGH-FIVE
EIN U-TURN	EIN SCHREI
PANIK	EIN KRATZER
JEMAND GRÄBT	EIN SALTO
ETWAS WIRD GEÖFFNET	JEMAND HÄLT DIE LUFT AN
ETWAS WIRD GESCHLOSSEN	EIN SCHLAG

Ideen-Bank 6:

100 STORY-TITEL

Diese Titel benötigt ihr für ***Zehn-zu-eins-Geschichten*** (siehe Seite 232) und ***Schreiben mit Hindernissen*** (Seite 235). Sie sind aber auch ganz allgemein eine gute Inspirationsquelle.

Ein befreundeter Autor war erstaunt und geradezu entsetzt, dass ich 100 potentielle Buchtitel verschenke und befürchtete, dass mir irgendwann die Titel für eigene Geschichten ausgehen könnten. Selbst wenn das passieren sollte, konnte ich doch wenigstens euch welche geben. Nehmt die Titel, schreibt sie auf ein leeres Blatt und fangt mit eurer Geschichte an.

Wenn ihr etwas Verrücktes tun wollt, sucht online nach einem Zahlen-Generator. Setzt das Maximum auf ‚100' und drückt ‚generieren'. Nehmt diese Zufallszahl, sucht in der Liste nach dem entsprechenden Titel und schon könnt ihr loslegen.

Setzt euch ein Zeitlimit, falls eure Geschichten meistens zu lang werden oder ihr Schwierigkeiten habt, zum Ende zu finden. Nehmt euch vor, eine Mindestanzahl Seiten zu schreiben. Viel Glück!

1. DER FLUCH
2. DER TAG, DER EIN JAHR DAUERTE
3. ERBÄRMLICHER EGON
4. NIEMAND GEHT, BEVOR ...
5. KAPUTT
6. SPAGHETTIMASSAKER
7. DIE RUHE VOR DEM STURM
8. SPIEGELWELT
9. MEINE EISERNEN AUGEN
10. GIER
11. DIE LÄNGSTE REISE

12. ABFLUG!

13. DER LETZTE ZUG GEN SÜDEN

14. HINTER DEN WÄNDEN

15. DIE FLUT

16. RIVALEN

17. GROSSMUTTERS TEPPICH

18. DIE NACHT DER WESPEN

19. PASSWORT EINGEBEN

20. DAS MÄDCHEN MIT DER ROTEN KAPPE

21. ZEHN IM DEFEKTEN AUFZUG

22. OHNE FALLSCHIRM

23. EINE MAHLZEIT AUS WÜRMERN

24. ES GIBT KEIN LONDON

25. DER VERSCHWUNDENE DOLCH

26. WIE VIELE KATZEN SIND ZU VIELE KATZEN?

27. AKKU: 5 %

28. ALLEIN

29. DIE BRÜCKE

30. DER TOD DER SONNE

31. IN DER HÖLLE PARKT MAN GRATIS

32. DER LETZTE ATEMZUG

33. SIMONS KLAUEN

34. FUTSCHIKATO

35. DIE RACHE DER BANANEN

36. MEINE UNTOTE FAMILIE

37. DIE WEINENDE WAND

38. DER SCHLIMMSTE GEBURTSTAG

39. DER MANN, DER EINEN BAUM HOCHKLETTERTE UND NIE MEHR RUNTERKAM

40. ICH BENEIDE DICH

41. DIE ZEIT STEHT STILL

42. UNTER MEINEN FÜSSEN

43. WELTREKORD

44. IM WELTALL IST ES IMMER DUNKEL

45. SCHLAFENDE HUNDE WECKT MAN NICHT

46. DIE FREUNDE-FABRIK

47. HUTKLEBER

48. KEINE LEHRER MEHR

49. DER VOGEL-MAGNET

50. VERGIFTETE MARMELADE

51. ICH HABE EINEN LÖFFEL GEPFLANZT

52. SCHOKOLADENTRÄUME

53. DER MANN AUF DEINEM DACH

54. ABFAHRTSRENNEN

55. EINE FIGUR IN DIESER GESCHICHTE IST EIN MÖRDER

56. ALLE KENNEN DEIN GEHEIMNIS

57. ES GIBT KEIN ZURÜCK

58. ALLERGISCH GEGEN LUFT

59. DER LETZTE JUNGE AUF ERDEN

60. DER ZAHNDIEB

61. EIN WÜRFEL LÜGT NICHT

62. KEINER KENNT MEINEN WAHREN WAHREN NAMEN

63. DAS ZWEITE ICH

64. EIN TAG IM KÜHLSCHRANK

65. ELEFANT IN DER HANDTASCHE

66. HIMMELSPIRAT

67. DIE LETZTE HERAUSFORDERUNG

68. VERBORGEN IM INNEREN

69. 100 GRAD

70. KEINER GLAUBT MIR

71. ALLES GUTE ZUM TODESTAG

72. OBEN AUF DER TURMUHR

73. ANGESPUCKT

74. DURCH WÄNDE GEHEN

75. DIE STADT DER PILZE

76. STURMWOLKEN

77. TRITTBRETTFAHRER

78. HÖR AUF ZU WACHSEN!

79. GEORGE UND DER DUNKLE ORT

80. NEUE NACHRICHT

81. DAS ZWEITBESTE BAUMHAUS

82. ICH VERSTELLE MICH NICHT

83. DIE ALTE SCHMUGGELROUTE

84. MEIN BESTER FREUND, DER WAL

85. MIKE MAG MÜNZEN

86. ENGELSFALLE

87. BLITZE ZU VERKAUFEN

88. IN 80 STUNDEN UM DIE WELT

89. REGUNGSLOS IM ROHR

90. HINTER DEM HORIZONT

91. ARCHE NOAH 2

92. DIE GEBURT DER SPRACHE
93. DER UNTERRICHT WIRD NIEMALS ENDEN
94. GEBOGENER STAHL
95. EINE GESCHICHTE OHNE WÖRTER
96. DER KAMMERJÄGER
97. DIE PEST
98. PICKNICK AUF DER AUTOBAHN
99. BERÜHRE NICHT DEN BODEN
100. DIE WAHRSAGERIN

Ideen-Bank 7:

100 ERSTE ZEILEN

Diese Sätze benötigt ihr für ***Satz ohne Ende*** (siehe Seite 127), ***Zehn-zu-eins-Geschichten*** (Seite 232) und ***Schreiben mit Hindernissen*** (Seite 235). Sie sind aber auch darüber hinaus eine gute Inspirationsquelle.

Der erste Satz ist oft das Schwierigste beim Geschichtenschreiben. Da ich ein netter Mensch bin, habe ich den schwierigen Teil für euch schon mal erledigt! Unten seht ihr mehr Anfangssätze, als ihr je brauchen werdet. Wählt einen aus und schreibt los.

1. DIE BESTIE HÖRTE AUF ZU SCHNARCHEN. DAS KONNTE NUR EINES BEDEUTEN ...
2. MUTTER SAH HEUTE MORGEN ANDERS AUS. WÄHREND DES GESAMTEN FRÜHSTÜCKS KAM ICH NICHT DAHINTER, WAS GENAU ES WAR.
3. MEIN NAME IST ALBERT UND ICH BIN TOT.
4. NORMALERWEISE HÄNGT EIN BILD VON EINEM JUNGEN MIT EINEM HUND AN MEINER WAND. HEUTE IST DA NUR EIN HUND.
5. TIEF UND DUNKEL LAG DER WALD, DOCH IN DER FERNE SCHIEN EIN ZARTES LICHT.
6. VERMUTLICH WAR HARRY DER ERSTE MENSCH, DEN DU KENNENGELERNT HAST, DER EINEN TIGER ALS HAUSTIER HATTE.
7. „SCHLAF GUT", SAGTE PAPA UND SCHLOSS DIE TÜR. ABER ICH SCHLIEF NICHT. NICHT IN JENER NACHT.
8. DIE MENGE SCHRIE, ALS DER COUNTDOWN NULL ERREICHTE. ES WAR ZEIT.
9. SIE HIELT SICH SCHON DREI TAGE IN DIESEM ZUG VERSTECKT.

10. „HEREINSPAZIERT, HEREINSPAZIERT!“, RIEF DER ZIRKUSDIREKTOR. „TRETET EIN IN MEIN HORROR-HAUS!“

11. 55 BURGER LAGEN VOR IHM AUF DEM TISCH.

12. MITTAGS FING ICH AN ZU SCHRUMPFEN.

13. AN IHREM 3000. GEBURTSTAG HATTE ZOË EINE IDEE.

14. „KOMM MIT MIR, WENN DU LEBEN MÖCHTEST“, SAGTE DER GROSSE MANN.

15. WIE TIEF UNTER DER ERDE WAR ICH JETZT?

16. ICH GLAUBE, ICH BIN DER EINZIGE MENSCH IN DIESEM KLASSENRAUM.

17. „DU HAST HAUSARREST!“, SCHRIE MAMA. „EIN JAHR LANG!“

18. ALS DAVE AUFWACHTE, HATTE ER DAS SELTSAME GEFÜHL ZU SINKEN.

19. „WASSER“, KEUCHTE ICH. „ICH BRAUCHE WASSER!“

20. ICH WUSSTE NICHT, DASS MEINE PIZZA MAGISCH WAR, BIS ICH DAS LETZTE STÜCK ASS.

21. ES BEGANN MIT HALSSCHMERZEN. DANN BEKAM SASCHA HUSTEN.

22. DER VORHANG GING AUF: DAS PUBLIKUM WURDE LEISE. NUN KAM MEIN MOMENT.

23. AUS DEM INNEREN DES KOFFERS HÖRTE MAN EIN LEISES TICKEN.

24. „ES IST VOLLBRACHT!“, SEUFZTE PROFESSOR SPITZ ERSCHÖPFT. „MEINE ZEITMASCHINE IST BEREIT FÜR DEN PROBELAUF!“

25. „ICH BIN MIR GANZ SICHER“, ÄCHZTE SIMON. „WIR HABEN UNS VERLAUFEN“.

26. LIEBES TAGEBUCH, DIES IST MEIN LETZTER EINTRAG.

27. IN FAST JEDEM DORF LEBT EIN IDIOT. IM DORF MEISKOLB LEBEN HUNDERTE.

28. DIE FENSTER DES ALTEN HAUSES WAREN MIT BRETTERN VERNAGELT, DIE TÜR STAND EINLADEND OFFEN.

29. „DAS IST JA KOMISCH“, SAGTE MATT. „ICH KANN MICH NICHT ERINNERN, DIESE APP HERUNTERGELADEN ZU HABEN.“

30. DAS LEBEN IST SELTSAM, WENN MAN EIN VOGEL IST.

31. ES WAR EINMAL, GANZ TIEF UNTER DER ERDE ...

32. EINEN REGENSCHIRM HATTE ICH DABEI, ABER DAS HILFT NICHT VIEL, WENN ES FRÖSCHE REGNET.

33. ICH SCHAUTE IN MEINEN SCHULRANZEN UND SAH, DASS ICH MEINE TURNSACHEN VERGESSEN HATTE.

34. LIEBER SUPERMAN, ...

35. JESSE ERWACHTE MIT EINEN SELTSAMEN QUIETSCHEN IM OHR.

36. WIE WEIT DRAUSSEN WAR ICH? ES WAR JEDENFALLS KEIN LAND IN SICHT.

37. ICH LIEBTE KUCHEN. BIS GESTERN.

38. DIE FLUT KOMMT.

39. DIE MÜNZE WAR SILBERN, VOLLER KRATZER UND ÄLTER ALS ALLES, WAS ICH JE GESEHEN HATTE.

40. DIE POSTKARTE WAR FÜR MICH, SO STAND ES ZUMINDEST DARAUF. DOCH DIE HANDSCHRIFT WAR MIR FREMD.

41. GLAUBST DU AN DRACHEN?

42. ICH GLAUBE ES WAR ÜBERMORGEN, ALS DIE ZEIT ANFING, RÜCKWÄRTS ZU LAUFEN.

43. MITTERNACHT, 1. JANUAR 1988.

44. „ALLE AUF DIE POSTEN. SCHAUFELN BEREIT!", RIEF DER BÜRGERMEISTER.

45. DIES WAR DER TAG, AN DEM SIE IHR BOOT VERLOREN.

46. MUBBLY WAR EINE UNGEWÖHNLICHE KREATUR.

47. „PLUMPS" MACHTE DER GROSSE BRAUNE UMSCHLAG, ALS ER AUF DEN BODEN DES FLURES FIEL.

48. AURORA BETRACHTETE DIE BISSSPUREN AN IHRER LINKEN HAND.

49. GOLD UND WEISS GESTREIFT WAR DIE BESTIE. IHRE AUGEN FLAMMTEN.

50. ICH SCHAUTE DEN JUNGEN AN UND FRAGTE MISSMUTIG „KENNE ICH DICH NICHT IRGENDWOHER?"

51. JACK WAR LEICHT NERVÖS, ALS DAS FLUGZEUG ZUR LANDUNG ANSETZTE.

52. DER RAUM WAR HEISS. FAST ZU HEISS.

53. ERST ALS ICH DIE SCHUHE AUSZOG, BEMERKTE ICH DIE WURZELN.

54. DER WETTERBERICHT SAGTE SONNE VORHER, ABER SUSANNE SAH NUR SCHNEE.

55. LILA. ALLES WAR LILA.

56. „ICH HABE ES VERGRABEN", SAGTE SIE. „UND SIE WERDEN ES NIEMALS FINDEN".

57. DER BERG WAR IN WOLKEN GEHÜLLT, DOCH DARÜBER THRONTE DER BLUTROTE GIPFEL.

58. „GUTEN MORGEN, EURE MAJESTÄT", SAGTE DER GUT GEKLEIDETE FREMDE.

59. AM ANFANG WAR EIN FROSCH.

60. „BITTE NUR DEN PONY SCHNEIDEN", LÄCHELTE LOTTIE, ALS SIE BEIM FRISEUR SASS.

61. DIE SONNE GING AN DIESEM TAG NICHT AUF.

62. ALS DAS FEUER ERLOSCH, WAR NUR NOCH EIN MEER AUS VERKOHLTEN STÖCKEN VOM WALD ÜBRIGGEBLIEBEN.

63. WARUM HABEN ALL MEINE FREUNDE SEGELOHREN?

64. „KOMM HIERHER!", FLÜSTERTE DER BUSCH. „ICH HABE EINE NACHRICHT FÜR DICH."

65. WENN TOM GEWUSST HÄTTE, WAS IN SOPHIES KOPF LOS WAR, HÄTTE ER SICH AN DIESEM MORGEN NICHT NEBEN SIE GESETZT.

66. ES GAB MAL EINEN GOTT, DER EINE UR-SUPPENKÜCHE ERÖFFNETE.

67. ICH SPRANG KOPFÜBER HINEIN UND DIE EISKALTE DUNKELHEIT UMFING MICH.

68. MIT ARGLISTIGEM GRINSEN RÜHRTE DIE HEXE IN IHREM KESSEL.

69. ALLES WAS ICH SAGE, SCHEINT SICH ZU REIMEN.

70. „LIEBLING? DIE SUPPE IST KÖSTLICH. ABER DENKST DU NICHT AUCH, DASS SIE EIN WENIG … ERDIG SCHMECKT?“

71. DAS EIS BRACH.

72. ALS DIE DUNKELHEIT HEREINBRACH, KAM SIE SCHNELL UND ERBARMUNGSLOS.

73. DREI WOCHEN IST ES NUN HER, DASS ICH DAS LETZTE MAL DIESEN RAUM VERLASSEN HABE.

74. ENDE.

75. FRÜHER WAREN ES VIER TÜREN, DIE VON DIESEM FLUR ABGINGEN. JETZT SIND ES FÜNF.

76. AN DIESEM TAG BRACHTE ICH MEINEN BRUDER MIT.

77. „WER IST DA?“, RIEF ICH. ABER ES KAM KEINE ANTWORT. DAS WAR KEIN SPASS.

78. „JIMMY! WEG VON DER KANTE!“

79. IRGENDWO IM ALL KLINGELTE EIN TELEFON.

80. „ICH BIN FREI!“, WEINTE ER, ALS DIE ZELLENTÜR INS SCHLOSS FIEL.

81. GLAUBST DU AN ELFEN? ICH NICHT.

82. HABE ICH DIR JEMALS VON DEM TAG ERZÄHLT, AN DEM ICH FLIEGEN LERNTE?

83. „LASS LOS!“, SCHRIE ICH. DAS BEREUTE ICH SPÄTER.

84. ES WAR NICHT WIRKLICH EIN HUND. HUNDE HABEN JA NICHT SOLCHE SCHLÄUCHE.

85. IN DEM MOMENT, ALS SIE ANFING ZU SINGEN, ZERPLATZTE DIE ERSTE GLÜHBIRNE.

86. KOPF. ZAHL. KOPF. ZAHL. KOPF. ZAHL. KOPF. ZAHL.

87. KEINER SAH DEN SACK UNTER MONTYS ARM, ALS ER AN DIESEM MORGEN DEN ZOO BETRAT.

88. „AUF GLEIS 5 FÄHRT EIN: DER ZUG RICHTUNG BRADLEY CASTLE. PLANMÄSSIGE ABFAHRT: 11:36 UHR."

89. TICK, TACK, TICK, TACK, TICK, TACK, TICK, TACK...

90. ES SAH AUS WIE EINE HIMBEERE. ES ROCH WIE EINE HIMBEERE. KLINGEN TAT ES ALLERDINGS WIE BEYONCÉ.

91. „ALSO, ADAM", SAGTE SIE, „WANN GENAU HAST DU BEMERKT, DASS DU KEIN SPIEGELBILD HAST?"

92. DIE MÜNZEN KLIMPERTEN IN EMMYS HOSENTASCHE.

93. ICH BIN BEI MEINER LETZTEN BROTKRUSTE.

94. AN DER DECKE ÜBER MEINEM BETT HÄNGT DIE KARTE VON AFRIKA.

95. „STEVE?", SANG MRS MCCAULEY, „ES IST ZEIT FÜR DEINE TANZEINLAGE!"

96. IM BAD SITZT EIN DING. ES IST GRÜN, SCHLEIMIG UND VERLANGT NACH MEINEM WLAN-PASSWORT.

97. ANNE LEBTE SCHON SEIT 33 JAHREN IN IHREM HAUS. LANG GENUG, UM ALLES DARÜBER ZU WISSEN, ODER?

98. ICH FAND DEN DIAMANTRING IN MEINEM FRÜHSTÜCKSMUFFIN.

99. SIE BEGANN: „EINE MILLION KLEINE FLASCHEN. EINE FIEL HERUNTER, DA WAREN ES NUR NOCH ..."

100. UND DANN PLATZTE ICH.

Ideen-Bank 8:

KATEGORIEN

Ihr braucht diese Kategorien für die Spiele ***Top 10 von allem*** (siehe Seite 67), ***Klopf-Klatsch-Schnips-Schnips*** (Seite 122), ***Stadt, Land, Fluss Deluxe*** (Seite 173), ***Wortketten*** (Seite 207) und ***A bis Z von ...*** (Seite 226). Manche Kategorien sind enger, manche sind weiter gefasst, manche sind wörtlicher zu verstehen als andere.

TIERE	AUTOMARKEN
JUNGENNAMEN	MÄDCHENNAMEN
LÄNDER	SEHENSWÜRDIGKEITEN
MUSIKER	HISTORISCHE FIGUREN
ESSEN UND TRINKEN	KÜCHENUTENSILIEN
FARBEN	FILME
WEIHNACHTLICHES	WÖRTER MIT VIER BUCHSTABEN
HUNDERASSEN	MARKENNAMEN
SCHULFÄCHER	FERNSEHSENDUNGEN
HOBBIES	SÜSSIGKEITEN
KLEIDUNG	DINGE IM BADEZIMMER
FUSSBALLVEREINE	BLUMEN
BÖSEWICHTER UND MONSTER	SPORTARTEN
STÄDTE	VIDEOSPIELE

ZEICHENTRICK-FIGUREN	SPIELZEUG UND SPIELE
GRÜNE DINGE	ROTE DINGE
SCHWARZE DINGE	WEISSE DINGE
KNUSPRIGE DINGE	ELASTISCHE DINGE
LEICHTE DINGE	SCHWERE DINGE
GROSSE DINGE	KLEINE DINGE
SCHMUTZIGE DINGE	HÄSSLICHE DINGE
TEURE DINGE	RUNDE DINGE

DANKSAGUNG

Dieses Buch habe ich nicht im Einzelspielermodus geschrieben. Bewusst oder unbewusst haben mir meine Schüler geholfen, diese Spiele über die Jahre zu verfeinern. Ich danke meinen besten Freunden Charlie, Marianne, Charlotte und Alice, die mir einige der Spiele in diesem Buch beigebracht haben. Außerdem danke ich allen Kollegen, Lehrern und Freunden, dich mich mein Leben lang begleitet haben und mir Inspirationsquelle für viele Spiele waren.

Danke an meine Agentin Eve White und an Kate Miles und Lindsay Davies von Headline Home für ihr einzigartiges Lektorat. Danke auch an Becky Hunter, Caroline Young, Louise Rothwell, Sarah Badhan und Rob Chilver von Headline.

Vieles in diesem Buch sind meine großartigen Eltern schuld, weil sie ein gutes Spiel zu schätzen wissen und nie den Fehler gemacht haben, mir zu sagen, ich solle endlich erwachsen werden.

Am meisten möchte ich den zwei Frauen in meinem Leben danken, Olive und Amy, von denen die eine eine Katze ist und die andere nicht. Aber dafür kann sie ja nichts.

HEEL Verlag GmbH
Gut Pottscheidt
53639 Königswinter
Tel.: 02223 9230-0
Fax: 02223 9230-13
E-Mail: info@heel-verlag.de
www.heel-verlag.de

First published in Great Britain
in 2018 by Headline Home,
an imprint of Headline Publishing Group,
an Hachette UK company,
London

Originaltitel: ***The Floor is Lava - and 99 more games for everyone, everywhere***
Original-ISBN: 978-1-4722-5750-5

Redaktion: Lindsay Davies

Deutsche Ausgabe:
Übersetzung aus dem Englischen: Nils Meier, Niederkassel
Layout, Illustrationen und Satz: Ralph Handmann, Wachtberg
Covergestaltung: Axel Mertens, Heel Verlag GmbH
Projektleitung und Lektorat: Iris Bahr

Printed in Czech Republic

ISBN 978-3-96664-153-1